VEGAN FÜR DIE SINNE

Vegan für die Sinne

MEINE VEGANE KOCHSCHULE

LENA MARIE RADU

VENTIL

MIX
Papier aus verantwortungsvollen Quellen
FSC® C128922

Edition Kochen ohne Knochen

ISBN 978-3-95575-163-0
1. Auflage Februar 2022

Fotografien: Lena Marie Radu, Foto S. 12: Joshena Diessenbacher
Layout und Satz: Astarte Posch
Druck und Bindung: Himmer GmbH Druckerei, Augsburg

Ventil Verlag, Boppstr. 25, D-55118 Mainz, www.ventil-verlag.de

INHALT

QUICK AND HEALTHY

LOCAL DELIGHTS

COSMOPOLITAN

EVERYBODY'S DARLING

COMING TOGETHER

GRANDMA STYLE

SURPRISING

KITCHEN SECRETS

Für die Tiere

VEGAN FÜR DIE SINNE

»Vegan für die Sinne« ist mein erstes Kochbuch. Ich verstehe es als Werk, welches eine Sammlung an kreativen, vielseitigen Rezepten bietet und gleichzeitig über die von mir selbst fotografierten Bilder die visuelle Schönheit der Gerichte betont. Ich möchte, dass es die Sinne beflügelt und die vegane Kulinarik erfahrbar macht. Es soll die Neugier wecken, Neues auszuprobieren, unbekannte Düfte zu riechen und die Teller so zu gestalten, dass ihr Anblick begeistert.

Die Arbeit als Freelancerin bei »SevenCooks« hat mich mit der Food-Fotografie in Berührung gebracht, und ich habe meine Leidenschaft dafür entdeckt, über das Bild die lebendige Ästhetik im Alltäglichen herauszustellen. Die Fotos in diesem Buch sind das visuelle Resultat der kleinen Reise, die in jedem Gericht steckt: Sie beginnt bei der Idee, die Zutaten werden eingekauft, das Rezept wird vorgekocht, geschrieben, schließlich in vollendeter Form zubereitet, abgeschmeckt, hübsch drapiert sowie garniert, fotografiert – und am Ende natürlich verspeist.

Für dieses Buch habe ich 77 meiner Rezepte ausgewählt und in sieben Kategorien eingeteilt. Jede Kategorie hat ihren ganz eigenen Charakter, und doch haben sie alle die Gemeinsamkeit, dass ihre Rezepte kreativ und gleichzeitig alltagstauglich sind. Ohne große Vorkenntnisse sollten alle Gerichte gelingen, wobei auch für alte Hasen noch neuer Input enthalten sein dürfte.

Über die »Kitchen Secrets« an Seite 188 setze ich 7 Zutaten in Szene, die meine Küche besonders machen und die es sich zu kennen lohnt. Oft sind es Prisen und Spritzer oder eine bestimmte Konsistenz, die es braucht, um einem Rezept die richtige Note zu verleihen.

Die FAQ enthalten eine Sammlung von Fragen, die in meinen Kochkursen immer wieder gestellt werden. Meine Antworten auf diese zusammengetragenen Fragen spiegeln meine innere Haltung zum Veganismus. Nicht zuletzt möchte ich mit diesem Buch ein Plädoyer für die vegane Kochweise und für den Tierschutz abgeben.

Möge dieses Werk dazu inspirieren, neue Rezepte zu entdecken und einzutauchen in eine bunte Welt der kulinarischen Vielfalt sowie der sinnlichen Erfahrungen!

ABOUT

2014 war für mich das Jahr des Wandels, des Umdenkens, der Neuorientierung. Seitdem lebe ich vegan, konsumiere also keine tierischen Produkte mehr. Ich erkannte den Sinn dahinter und verstand, wie meine Ernährung mein Leben und das anderer Lebewesen beeinflusst. Ich spürte die Gesundheit meines Körpers auf eine neue und vitalisierende Weise, begleitet von einer neuen Form der Empathie mit Tieren, die leiden und sterben müssen, weil wir Menschen sie essen, ihre Milch trinken und ihre Eier verspeisen.

Wie der Gang durch ein großes Tor in eine ungekannte Realität fühlte es sich damals an, und die Begeisterung für das Neue gab meinem Leben eine andere Richtung. Ich begann, mich mit Lebensmitteln und ihren Wirkungen auseinanderzusetzen, lernte inspirierende Menschen kennen, die teilweise bereits seit Jahrzehnten vegan lebten, begann über Tierethik zu lesen und zu reden, vor allem aber begann ich zu kochen. Es war ein Jahr der Leidenschaft, des Ausprobierens, begleitet von Praktika in veganen Restaurants und Hotels, inspiriert durch eine Ausbildung zum Thema »Peace Food«, getragen vom »veganen Montag« im Grandhotel Cosmopolis.

Die Zucchini mit ihrer gelben Blüte begegnete mir überall. Sie wählte ich als Logo für meine Kochschule »Veganesha«, die ich im September 2015 eröffnete. Seitdem zeige ich in diversen Kochkursformaten den Kochschüler*innen, wie man pflanzlich kochen kann, verrate Küchengeheimnisse und liefere Tipps für eine gelungene Umsetzung der veganen Kulinarik. Bei Caterings darf ich Gäste mit feinster Kost verwöhnen. Für manche ist es die erste bewusste Berührung mit veganem Essen und sorgt sehr oft für positive Überraschungen. Es ist wichtig, dass es vor allem einfach lecker schmeckt. Dies ist die wohl wichtigste Erkenntnis aus all den Jahren.

Ich bin die Mutter von Jyoti Marie und Nicolas Maria Joaquin. Themen wie vegane Schwangerschaft, vegane Stillzeit und vegane Kinder sind zu einer Herzenssache für mich geworden. Ich kenne mittlerweile viele vegane Mütter, die täglich beweisen, dass eine rein vegane Ernährungsweise bei Kindern sehr gut funktionieren kann. Das macht mir Mut, die Erfahrungen zu teilen und hat mich dazu motiviert, eine Ausbildung bei »Ecodemy« zur veganen Ernährungsberaterin für eben diese Lebensphasen zu absolvieren.

Seit 2017 entwickele ich zudem Rezepte für die Online-Platform »SevenCooks«. Über diese mit den Jahren gewachsene Sammlung an Rezepten hatte ich im Herbst 2020 die Idee, ein Kochbuch zu veröffentlichen. Der Vorschlag, jedes Rezept mit einem QR-Code zur Platform zu verlinken, stammt von »SevenCooks« selbst, und so war das gemeinsame Projekt geboren. Ich freue mich über die Zusammenarbeit auch im Rahmen dieses Buches. Bei »SevenCooks« bin ich erstmals mit Food-Fotografie in Berührung gekommen und habe für das Fotografieren meiner Gerichte eine Leidenschaft entwickelt. Es bereitet mir große Freude, das Zubereitete dergestalt in Szene zu setzen, dass die Ästhetik der Farben und Formen voll zu ihrer Geltung kommt.

Ich wünsche Dir und Euch viel Freude mit »Vegan für die Sinne«. Mögen Lektüre und Ausprobieren die Sinne beflügeln und Neugierde wecken.

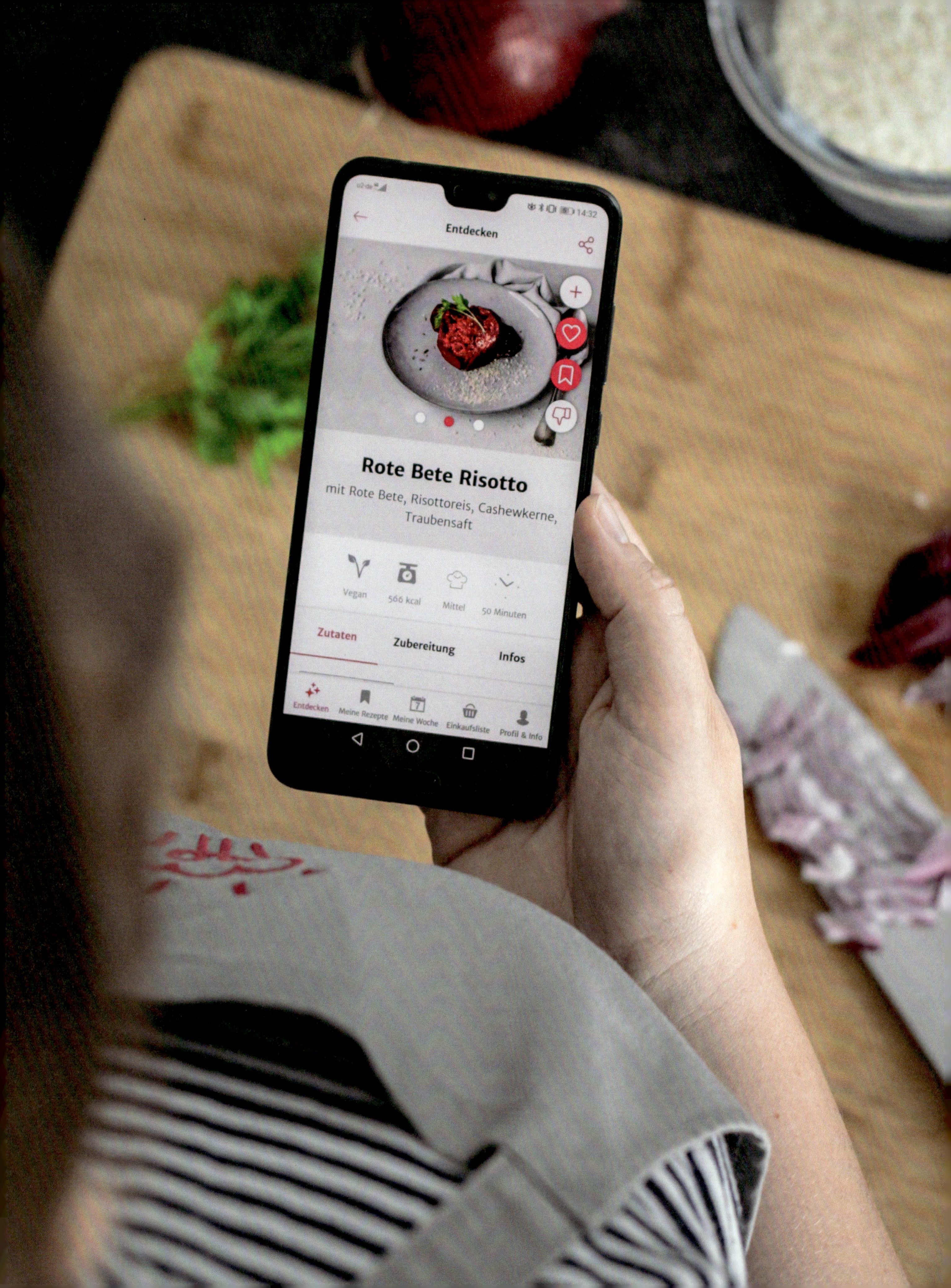

14:32
Entdecken
Rote Bete Risotto
mit Rote Bete, Risottoreis, Cashewkerne, Traubensaft
Vegan
566 kcal
Mittel
50 Minuten
Zutaten
Zubereitung
Infos
Entdecken
Meine Rezepte
Meine Woche
Einkaufsliste
Profil & Info

DAS ERSTE KOCHBUCH, DAS SICH AN DICH ANPASST

Es gibt nur eine Art zu kochen: deine eigene. Deshalb haben wir zusammen mit Lena Marie ein Kochbuch entwickelt, das sich an DICH anpasst.

Wie funktioniert das? Wir stellen diesem wunderschönen Kochbuch einen digitalen Begleiter zur Seite: die SevenCooks-App.

Sie ist dein persönlicher Koch-Buddy. Mit ihr hast du immer alle Rezepte aus diesem Buch dabei (plus 5.000 weitere). Scanne einfach den QR-Code neben dem Rezept im Buch und schon öffnet es sich in der App – mit tollen Zusatzfunktionen:

Bilder zu den Zubereitungsschritten machen das Nachkochen kinderleicht. Handverlesene Tipps unserer Köchinnen verraten dir, wie du Rezepte an deinen persönlichen Geschmack anpassen kannst, indem du zum Beispiel Zutaten austauschst.

Du willst Freunde einladen? Sag der App, wieviele mitessen, und die Zutatenmenge passt sich automatisch an.

Koche deine liebsten Gerichte nach, wo und wann immer du willst. Vergiss nie wieder Zutaten beim Einkaufen. Ein kurzer Blick in die App genügt. Keine Zeit einzukaufen? Bestelle die Zutaten direkt online.

Wenn du magst, kann dir die App noch viel mehr helfen: mit tagesaktuellen Rezeptideen, persönlichem Wochenplan oder als Sammelstelle für all deine Lieblingsrezepte aus dem Internet.

Aber das findest du am besten selbst raus.
Viel Spaß beim Ausprobieren – auf DEINE Art!

Kay, CEO von SevenCooks

Hol dir deinen digitalen Koch-Buddy

1. Scanne diesen QR-Code mit der Kamera deines Smartphones und lade die SevenCooks-App kostenlos herunter.

2. Scanne den QR-Code neben den Rezepten im Buch und lande direkt beim Rezept in der App mit allen Zusatzfunktionen.

3. Entdecke DEINE Art, gesund zu kochen.

KATEGORIEN

QUICK & HEALTHY

Pure and raw, Superfoods auf allen Ebenen. Mit der Kraft der Natur das Immunsystem boosten. Herrlich lecker und frisch, Salate, Bowls, Süßes – fein kombiniert für ein Gefühl von Vitalität und Präsenz im Körper.

LOCAL DELIGHTS

Regionale und saisonale Zutaten, von dem vieles im eigenen Garten wächst. Kombiniert zu einfachen, zugleich kreativen Rezepten, die die Fülle vor der eigenen Haustür offenbaren. Auf zum Bauernmarkt, Gäste einladen, überraschen.

COSMOPOLITAN

Around the world, inspiriert von meinen kulinarischen Reisen in die Küchen der Welt. Einzigartige Esskulturen mit ihren Gewürzen, Geschmäckern, Kombinationen. Kochen und Essen bringt Menschen ohne viele Worte zusammen, gemeinsam am Tisch.

EVERYBODY'S DARLING

Rezepte für Familien und Singles. Gerichte, für die jede*r schon am Tisch sitzt, noch bevor das Essen serviert wird – das dreijährige Kind neben dem Großvater, denn alle lieben Bolognese, alle lieben Pfannkuchen. Schnell zubereitet, auch am nächsten Tag sehr lecker.

COMING TOGETHER

Rezepte für Feste, leicht zu kochen für viele, für Geselligkeit in der Küche. Gut vorzubereiten, sei es für den Kindergeburtstag oder das Gartenfest. Desserts in Gläschen, Gemüse mit Hülsenfrüchten im größten Topf des Hauses, gerne auch etwas zum Naschen auf die Hand.

GRANDMA STYLE

Großmutters Gerichte aus der Kindheit: ihr Geschmack, ihr Duft, die urige Küche. Klassische Gerichte veganisiert, so gut, dass es einfach schmeckt wie gewohnt. Deftige Aufläufe, Knödel, Schnitzel und Kuchen. Womit fangen wir an?

SURPRISING

Farbenfroh mit überraschenden Zutaten. Ein Highlight jagt das nächste auf dem Teller. Knospen öffnen sich für ungeahnte Geschmäcker und neue kulinarische Erfahrungen. Rezepte, die durch ihre Tiefe überzeugen, Gerichte, die nachwirken.

Quick and healthy

4 Portionen
15 Min. Vorbereitung
10 Min. Kochzeit

EDAMAME-SALAT MIT AVOCADO

Salat
1 Avocado
150 g Edamame-Bohnen TK
100 g Blumenkohl
3 Blätter Chinakohl
2 Frühlingszwiebeln

Dressing
3 EL Tahin
140 ml Sojadrink ungesüßt
½ TL Senf mittelscharf
40 g Cashewkerne
1 Knoblauchzehe
1 ½ Limetten
½ TL Salz
½ TL Chili gemahlen

Cashewkerne mit Sojadrink in einem hohen Gefäß einweichen. In einem kleinen Topf Wasser zum Kochen bringen. Die kleinen Röschen des Blumenkohl abtrennen. Diese 2 Minuten lang blanchieren. Mit einer Schaumkelle aus dem Wasser fischen, abtropfen lassen und in eine Schüssel geben. Nun die Edamame-Bohnen 3 Minuten blanchieren.

In der Zwischenzeit die Frühlingszwiebeln und die Blätter des Chinakohls in feine Streifen schneiden. Die Bohnen mit der Schaumkelle aus dem Wasser nehmen und mit den Frühlingszwiebeln und dem Chinakohl ebenfalls in die Schüssel geben. Nun die Avocado schälen, in mittelgroße Würfel schneiden und zum Salat hinzufügen.

Knoblauch reiben, Limetten auspressen. Tahin, Limettensaft, Senf, Salz und Chilipulver mit den eingeweichten Cashews zu einer homogenen Masse pürieren. Das Dressing auf den Teller geben. Salat darüber anrichten und servieren.

4 Portionen
15 Min. Vorbereitung
25 Min. Kochzeit

BUNTE GEMÜSETARTE

170 g Polenta
200 ml Rote-Bete-Saft
3 Tomaten
200 g Spinat TK
1 rote Zwiebel
6 Cocktailtomaten
250 ml Wasser
1 EL Gemüsebrühepulver
1 Zitrone
2 TL Salz
1 EL heller Sesam
1 Frühlingszwiebel
Margarine zum Einfetten
1 ½ TL Salz
½ TL schwarzer Pfeffer

Spinat auftauen. Eine Tarteform mit Margarine einfetten. In einem Topf Rote-Bete-Saft, Wasser, Gemüsebrühe und 1 TL Salz zum Kochen bringen. Die Polenta unter Rühren einrieseln lassen, anschließend den Topf vom Herd nehmen und 2 Minuten quellen lassen. Mit angefeuchteten Händen in der Form verteilen und auskühlen lassen.

In der Zwischenzeit die Zwiebel schälen, halbieren und in Streifen schneiden. Die Tomaten in feine Scheiben schneiden und die Cocktailtomaten halbieren. Aus der Zitrone feine Scheiben schneiden. Den Backofen auf 170 °C Umluft vorheizen.

Beim Belegen des Polentabodens zuerst die Tomatenscheiben, danach die Zwiebelringe darauf geben und schließlich den Spinat in Häufchen drapieren. Zwischen diese die Zitronenscheiben falten und die Cocktailtomaten am Rand platzieren. Mit Salz und Pfeffer würzen und mit Sesam bestreuen.

Die Tarte für 20 Minuten auf mittlerer Schiene im Ofen backen. Im Anschluss 5 Minuten auskühlen lassen. Die Frühlingszwiebel in Ringe schneiden und damit die Tarte garnieren. Warm oder kalt servieren.

4 Portionen Portionen
30 Min. Vorbereitung

STANGENSELLERIESALAT MIT HASELNÜSSEN

Salat
1 Bund Stangensellerie
1 Apfel
5 getrocknete Aprikosen
100 g Haselnüsse
1 Karotte

Dressing
4 EL Walnussöl
2 EL Apfelessig
½ Zitrone,
½ TL Zimt
1 TL Salz
½ TL Cayennepfeffer

Die Zitrone auspressen. Die Selleriestangen in sehr feine Streifen schneiden oder hobeln. Die Karotte schälen und in feine Scheiben schneiden. Den Apfel entkernen, achteln und in Würfel schneiden. Mit dem Gemüse in eine Schüssel geben und mit dem Zitronensaft beträufeln.

Die Haselnüsse grob hacken und in einer Pfanne anrösten, bis sie anfangen zu duften. In der Zwischenzeit die Aprikosen in feine Streifen schneiden und zum Salat geben.

Für das Dressing Walnussöl, Apfelessig, Zimt, Salz und Cayennepfeffer anrühren. Zusammen mit den Haselnüssen zum Salat geben und vermengen. Den Salat idealerweise vor dem Servieren eine Stunde durchziehen lassen.

4 Portionen
15 Min. Vorbereitung
5 Min. Kochzeit

SUPERGREEN SALAD

Salat
300 g grüne Bohnen
300 g Zuckerschoten
300 g Erbsen TK
2 Avocado
1 Zitrone, Saft und Schale
4 Zweige Minze
60 g Walnüsse
5 EL Walnussöl
1 TL Salz
½ TL Pfeffer

Knoblauchbaguette
1 Dinkelbaguette
1 TL Salz
6 EL Olivenöl
6 Knoblauchzehen

Zu Beginn für das Knoblauchbaguette den Backofen auf 180 °C Ober-/Unterhitze vorheizen. Den Knoblauch in feine Scheiben schneiden und mit Olivenöl und Salz in einer Schüssel vermengen. Das Baguette in Scheiben schneiden und mit dem Knoblauchöl bepinseln. Im heißen Backofen 10 Minuten backen.

In der Zwischenzeit für den Supergreen Salad die Enden der grünen Bohnen und Zuckerschoten abschneiden. Die Erbsen und Bohnen in einem Topf mit kochendem Wasser 4 Minuten blanchieren. Nach 3 Minuten die Zuckerschoten dazugeben und noch 1 Minute mitblanchieren. Das Gemüse mit einer Schaumkelle aus dem Wasser nehmen und kalt abschrecken.

Nun die Walnüsse hacken, die Zitrone abreiben und auspressen. Die Minze in feine Streifen schneiden. Die Avocado halbieren, entkernen und mit einem Löffel das Fruchtfleisch vorsichtig aus der Schale lösen. Die Avocado dann der Länge nach in Scheiben schneiden.

Zum Schluss Zitronensaft, Walnussöl, Salz und Pfeffer miteinander zu einem Dressing verrühren. Erbsen, Bohnen, Zuckerschoten und Avocadoscheiben auf Tellern fächerförmig anrichten und mit dem Dressing beträufeln. Die Walnüsse, den Zitronenabrieb und die Minze darauf verteilen. Das Baguette aus dem Ofen nehmen und am besten direkt heiß mit dem Salat servieren.

4 Portionen
5 Min. Vorbereitung
20 Min. Ruhezeit

WEISSER-RETTICH-KOKOS-SALAT

2 mittelgroße weiße Rettiche
1 TL Steinsalz
4 EL Kokosjoghurt
2 EL schwarzer Sesam

Die Rettiche schälen und in feine Streifen schneiden oder hobeln, dann in eine Schüssel geben. Salzen und 20 Minuten ziehen lassen.

Das Wasser, das sich gebildet hat, abgießen. Den Kokosjoghurt unter den Rettich heben. Den schwarzen Sesam hinzufügen, gut vermengen und servieren.

4 Portionen
20 Min. Vorbereitung
5 Min. Kochzeit

REISNUDEL-BOWL

Bowl
4 Blätter Chinakohl
300 g Reisnudeln
2 Limetten
400 g Tofu
200 g Shiitakepilze
½ Rettich
1 gelbe Paprika
1 Karotte
½ Bund Koriander
1 EL Sesam
1 TL Chiliflocken
1 EL Sojasoße
2 EL Sesamöl
1 TL Salz

Miso-Soße
300 ml Kokosmilch
2 EL Miso
3 cm Ingwer

Den Tofu in 1 cm dicke Würfel schneiden, in eine Schüssel geben und salzen. Die Limetten achteln. Den Rettich und die Karotte schälen und in feine Streifen schneiden. Die Paprika ebenfalls in feine Streifen schneiden. An den Chinakohlblättern das Blatt abtrennen und die Stiele in Streifen schneiden.

Die Shiitakepilze putzen und wenn nötig kleiner schneiden. Den Koriander fein hacken. Die Reisnudeln mit kochendem Wasser übergießen, 3 Minuten ziehen lassen und abgießen.

Das Miso mit der Kokosmilch unter Rühren aufkochen. Den Ingwer reiben und zur Miso-Soße geben. Das Sesamöl in der Pfanne erhitzen. Die Shiitakepilze und die Tofuwürfel in einer Pfanne getrennt scharf anbraten. Die Pilze salzen und die Tofuwürfel mit Sojasoße ablöschen.

Nun die Bowl füllen. Dazu erst die Chinakohlblätter auf die Schalen verteilen. Dann die Reisnudeln dazu legen. Nun die Paprika-, Karotten- und Rettichstreifen in den Schalen anrichten. Die Tofuwürfel und die Pilze darauf verteilen.

Das Ganze mit der Miso-Kokos-Soße übergießen und die Bowl mit Limetten, Koriander, Sesam und Chiliflocken garniert servieren.

4 Portionen
15 Min. Vorbereitung

IMMUNBOOSTER MIT KURKUMA & INGWER

2 cm Ingwer
2 Kurkumawurzeln
250 ml Wasser
1 TL Zimt
1 Zitrone,
½ TL schwarzer Pfeffer

Ingwer schälen und in Scheiben schneiden. Kurkuma in kleine Stücke schneiden.

Die Zitrone auspressen und alle Zutaten mit dem Wasser in einen Mixer geben oder mit einem Pürierstab pürieren. Mehrere Minuten mixen, bis der Saft schaumig ist.

4 Portionen
10 Min. Vorbereitung
10 Min. Kochzeit

PISTAZIENPESTO MIT ORANGE & HANFÖL

Pesto
100 g geröstete Pistazien
150 g geröstete Haselnüsse
2 Knoblauchzehen
1 TL Salz
1 Orange, Saft und Schale
80 ml Hanföl
80 ml Olivenöl
1 TL Pfeffer

Außerdem
500 g Nudeln

Die Pistazien schälen. Diese zusammen mit den Haselnüssen in einen Blitzhacker oder andere Zerkleinerungsmaschine geben und so lange anwenden, bis die Nüsse klein gehäckselt sind.

Nüsse in eine Schüssel geben. Knoblauchzehen darüber pressen, Orangensaft und -schale, die Öle sowie Salz und Pfeffer hinzugeben.

Nudeln laut Packung kochen und anschließend mit dem Pesto servieren.

1 Brot
20 Min. Vorbereitungszeit
1 Std. Backzeit
1 Std. Ruhezeit

SUPERFOOD-BROT

200 g Mandeln
260 g Kürbiskerne
200 g Buchweizenmehl oder Reismehl
85 g Sonnenblumenkerne
3 EL Flohsamenschalenpulver
2 EL Chiasamen
2 EL getrocknete Kräuter
Salz
Pfeffer
240 ml kaltes Wasser

Die Mandeln und Kürbiskerne in einem Mixer zerkleinern, bis sich ein Mehl bildet. In eine Schüssel geben und die restlichen Kürbiskerne, Buchweizen- oder Reismehl, Sonnenblumenkerne, Chiasamen, Flohsamenschalenpulver, getrocknete Kräuter, Salz und Pfeffer hinzufügen.

Die Mischung gut verrühren und anschließend langsam das Wasser einrühren. Die Mischung für mindestens 1 Stunde beiseite stellen, bis das Wasser vollständig absorbiert ist und sie wirklich fest ist.

Den Ofen auf 180 °C vorheizen und eine Kastenform mit Kokos- oder Olivenöl einfetten. Die Mischung in die Form geben und mit einem Löffel festdrücken.

Das Brot für 45–50 Minuten backen, bis die Oberseite braun geworden ist und ein Zahnstocher sauber herauskommt. Aus dem Ofen nehmen und in der Form vollständig abkühlen lassen.

4 Portionen
15 Min. Vorbereitung
5 Min. Kochzeit

BLAUBEER-RADICCHIO MIT KNUSPER-TEMPEH

Salat
150 g Blaubeeren
300 g Radicchio
1 Romanasalatherz
200 g Tempeh
1 EL Kokosöl
1 EL Sojasoße

Dressing
150 g Blaubeeren
50 ml dunkler Balsamico-Essig
2 EL Olivenöl
½ Zitrone
½ TL Salz
½ TL schwarzer Pfeffer
½ TL Zimt

Für den Salat den Radicchio und das Salatherz halbieren und den Strunk entfernen. Die Blätter in feine Streifen schneiden und zusammen mit den Blaubeeren in eine Schüssel geben.

Die Zitrone auspressen. Für das Dressing das Olivenöl, Essig, Zitronensaft, Salz, Pfeffer und Zimt zusammen mit den Blaubeeren in einen hohen Mixbecher geben und zu einer homogenen Masse pürieren.

Nun in einer Pfanne Kokosöl erhitzen. Das Tempeh längs in Scheiben schneiden und kross anbraten. Anschließend mit Sojasoße ablöschen.

Den Salat mit dem Dressing und den heißen Tempeh-Scheiben anrichten. Direkt servieren.

4 Portionen
5 Min. Vorbereitung
25 Min. Kochzeit

QUINOA-PORRIDGE

4 Pfirsiche
300 g Quinoa (weiß)
1 l Mandeldrink
80 g Mandeln
4 EL Mandelmus
2 EL Ahornsirup
8 getrocknete Datteln
4 EL Kokosraspeln
1 Prise Salz

Zunächst Quinoa mit Mandeldrink in einem Topf zum Kochen bringen und 20 Minuten mit geschlossenem Deckel bei geringer Hitze köcheln lassen. Nach 10 Minuten den Ahornsirup und das Salz unterrühren.

In der Zwischenzeit die Mandeln grob hacken und in einer Pfanne ohne Öl rösten. Die Pfirsiche in Stücke schneiden und, sobald der Quinoa-Porridge fertig gekocht ist, unterheben.

Zum Anrichten den restlichen Pfirsich vierteln und in Scheiben schneiden, die Datteln in Streifen. Den fertigen Quinoa-Porridge in Schüsseln geben und das Mandelmus darüber geben. Mit gerösteten Mandeln, Pfirsichscheiben und Datteln garnieren und mit Kokosraspeln bestreuen.

Local
delights

4 Portionen
15 Min. Vorbereitung
25 Min. Kochzeit

SELLERIEPÜREE MIT ROTER BETE & ROSMARINLINSEN

Selleriepüree
700 g Knollensellerie
400 g mehligkochende Kartoffeln
250 ml Hafersahne
100 g Margarine
2 TL Salz
1 Prise Muskat

Rosmarinlinsen
250 g braune Linsen
600 ml Wasser
1 Lorbeerblatt
1 EL Rosmarin
1 EL heller Balsamico-Essig
1 ½ TL Salz

Rote-Bete-Ragout
400 g vorgegarte Rote Bete
1 Gemüsezwiebel
1 EL Tomatenmark
1 Orange
8 Walnüsse
2 EL dunkler Balsamico-Essig
1 TL Zimt
1 TL Salz
½ TL Cayennepfeffer
1 EL Olivenöl

Für das Selleriepüree den Knollensellerie und die Kartoffeln schälen und würfeln. Die Selleriewürfel mit Salz in einen Topf geben, mit Wasser bedecken und aufkochen. Nach 10 Minuten die Kartoffelwürfel dazugeben und weitere 15 Minuten köcheln lassen, bis das Gemüse gar ist.

Währenddessen die Linsen in einen Topf mit Wasser geben, dazu das Lorbeerblatt, aufkochen und 20 Minuten köcheln lassen. In der Zwischenzeit für das Rote-Bete-Ragout die Zwiebel schälen und würfeln. Die Rote Bete würfeln. Die Schale der Orange abreiben und den Saft auspressen. Die Walnüsse grob hacken.

In einer Pfanne das Öl erhitzen, die Zwiebelwürfel scharf anbraten, die Rote-Bete-Würfel und die gehackten Walnüsse dazugeben und ebenfalls braten. Nun das Tomatenmark hinzufügen, kurz rösten und anschließend mit dem Orangensaft ablöschen. Mit Orangenabrieb, Essig, Zimt, Cayennepfeffer und Salz abschmecken. Nach der Kochzeit die Linsen vom Herd nehmen und bei geschlossenem Deckel ein paar Minuten ausquellen lassen. Anschließend mit Salz, gehacktem Rosmarin und Essig würzen.

Die fertig gegarten Kartoffel- und Selleriewürfel abgießen und im Topf lassen. Die Margarine in Stücke schneiden, mit der Hafersahne dazugeben. Nun das Ganze pürieren, anschließend mit Salz und Muskat abschmecken. Zum Schluss das Selleriepüree zusammen mit den Linsen und dem Rote-Bete-Ragout auf Tellern anrichten und servieren.

4 Portionen
20 Min. Vorbereitung

URKAROTTEN-ZOODLES AN MANDELSAHNE

8 große dicke Urkarotten
10 EL weißes Mandelmus
30 g Hefeflocken
1 Bund Koriander
1 Zitrone
2 EL Sojasoße
2 EL Olivenöl
1 TL Salz
½ TL Pfeffer
½ TL Cayennepfeffer
150 ml Wasser

Die Urkarotten schälen und mit einem Spiralschneider zu Spaghetti verarbeiten.

Die Zesten der Zitrone abziehen und den Saft auspressen. Beides mit Mandelmus, Wasser, Sojasoße, Hefeflocken, Olivenöl, Salz, Pfeffer und Cayennepfeffer in einer Schüssel zu einer Soße vermengen.

Den Koriander fein hacken. Die Zoodles auf Tellern anrichten, die Soße darübergeben und mit dem Koriander garnieren.

1 Springform
20 Min. Vorbereitung
45 Min. Kochzeit
30 Min. Ruhezeit

ZWIEBELKUCHEN

Teig
1 Päckchen Trockenhefe
1 EL Ahornsirup
250 g Dinkelmehl 1050
125 ml lauwarmes Wasser
1 EL Olivenöl
1 TL Salz

Füllung
200 g Räuchertofu
2 EL Sojasoße
700 g Gemüsezwiebeln
3 EL Olivenöl
1 EL Kümmel
400 g Seidentofu
2 EL Kartoffelmehl
1 TL Salz
½ TL schwarzer Pfeffer

Die Hefe mit dem Ahornsirup in einer kleinen Schale anrühren. Das Mehl in eine große Schüssel geben. Die angesetzte Hefe und das Wasser hinzugeben. Den Teig mit den Händen 5 Minuten kneten. Olivenöl einarbeiten. An einem warmen Ort abgedeckt gehen lassen.

Für die Füllung Räuchertofu in kleine Würfel schneiden und mit etwas Öl in einer Pfanne kross anbraten, mit 1 EL Sojasoße ablöschen. Die Zwiebeln schälen, in feine Ringe schneiden und in einer Pfanne mit Olivenöl 10 Minuten glasig schwitzen. Kümmel dazugeben. Mit 1 EL Sojasoße ablöschen. Die Tofuwürfel zu den Zwiebeln geben.

Backofen auf 190 °C Ober-/Unterhitze anheizen. Salz an den Teig geben, diesen nochmals kneten. Auf einer bemehlten Fläche ausrollen. Springform einfetten, Teig in die Form drücken, sodass der Rand 3 cm hoch ist.

Den Seidentofu zusammen mit dem Kartoffelmehl pürieren, die Masse in die Pfanne zu den Zwiebeln geben. Mit Salz und Pfeffer würzen. Die Masse auf dem Boden verteilen und für 25 Minuten backen.

4 Portionen
25 Min. Vorbereitung
30 Min. Kochzeit

SCHWARZWURZELAUFLAUF MIT WALNUSS & ORANGE

1,7 kg Schwarzwurzeln
250 g gemahlene Walnüsse
30 g ganze Walnüsse
3 Orangen
250 ml Hafersahne
1 Zitrone
2 Gemüsezwiebeln
2 EL heller Balsamico-Essig
2 EL Olivenöl
½ TL Cayennepfeffer
1 EL Oregano
1 TL Zimt
1 TL Salz
½ TL Pfeffer

In einem großen Topf Wasser aufkochen. Die Zitrone auspressen. In eine große Schüssel kaltes Wasser einfüllen und Zitronensaft dazugeben. Die Schwarzwurzeln unter fließendem Wasser bürsten und schälen. Schnell in 3 cm breite Stücke schneiden und ins kalte Zitronenwasser legen. Das kochende Wasser im Topf salzen und die Wurzelstücke darin 10 Minuten blanchieren.

Die Zwiebeln schälen und würfeln. In einer Pfanne das Olivenöl erhitzen. Die Zwiebelwürfel scharf anbraten, Oregano dazugeben, Hitze abstellen. Den Backofen auf 180 °C Ober-/Unterhitze vorheizen.

Für die Walnusssoße die Schale einer Orange abreiben, den Saft von beiden auspressen. Beide Zutaten mit den gemahlenen Walnüssen und den Gewürzen in eine Schüssel geben. Hafersahne und Essig unterrühren. Nun die Schwarzwurzeln abgießen und mit der Walnussmasse vermengen.

Die dritte Orange in Scheiben schneiden. In die Förmchen zuerst die Zwiebel-Oregano-Mischung, dann die Schwarzwurzel-Walnuss-Mischung geben. Nun die ganzen Walnüsse und die Orangenscheiben darauf verteilen und für 20 Minuten backen. Den Schwarzwurzelauflauf vor dem Servieren 5 Minuten ziehen lassen.

4 Portionen
10 Min. Vorbereitung
30 Min. Kochzeit

SCHMORFENCHEL AN WEISSWEIN AUF ERBSENPÜREE

Weißwein-Fenchel
2 Fenchel
200 ml trockener Weißwein
1 Gemüsezwiebel
4 Knoblauchzehen
2 EL Olivenöl
1 EL Fenchelsamen
1 ½ TL Salz
½ TL schwarzer Pfeffer
1 TL Chiliflocken

Erbsenstampf
400 g Erbsen
1 mehligkochende Kartoffel
200 ml Reisdrink, ungesüßt
1 Zitrone,
10 Blätter Basilikum,
1 TL Salz
½ TL Pfeffer

Kartoffel in einem Topf mit Wasser bedecken, zum Kochen bringen und 20 Minuten kochen lassen. Zwischenzeitlich den Fenchel der Länge nach achteln und den Strunk entfernen. Zwiebel und Knoblauchzehen schälen, in Scheiben schneiden.

In einem großen Topf Olivenöl erhitzen, Fenchel 10 Minuten scharf anbraten und immer wieder wenden. Knoblauch, Zwiebel, Fenchelsamen, Salz und Pfeffer dazugeben. Mit Weißwein ablöschen und die Hitze reduzieren, mit geschlossenem Deckel 15 Minuten schmoren lassen.

In einem Topf die Erbsen mit dem Reisdrink 5 Minuten köcheln lassen. Die Kartoffel abkühlen lassen, pellen, in kleine Stücke schneiden und zu den Erbsen in den Topf geben. Alles zu einer homogenen Masse pürieren. Das Püree mit Zitronenabrieb, Zitronensaft, Salz und Pfeffer würzen. Im Ofen bei 50 °C warm halten.

Den Fenchel mit Chiliflocken würzen. Püree auf flache Teller geben und drei bis vier Fenchelstücke auflegen. Mit Pfeffer, Chiliflocken, Basilikumblättern und einer Zitronenscheibe servieren.

1 Tartform
20 Min. Vorbereitung
40 Min. Kochzeit
1 Std. Ruhezeit

MANGOLD-QUICHE MIT ZITRONE

Teig
250 g Dinkelvollkornmehl
120 ml Mandeldrink, ungesüßt
70 ml Olivenöl
1 TL Salz

Füllung
500 g Mangold
1 Stange Lauch
400 g Seidentofu
3 Zitronen
1 EL Olivenöl
1 rote Zwiebel
2 EL Maisstärke
2 Knoblauchzehen
1 TL Cayennepfeffer
1 EL Ahornsirup
1 EL Sojasoße
1 ½ TL Salz
1 TL Pfeffer schwarz

Das Mehl und das Salz in eine Schüssel geben, eine Kuhle in der Mitte formen, in diese den Mandeldrink und das Olivenöl gießen, mit den Händen zu einem homogenen Teig kneten. In Frischhaltefolie packen und 30 Minuten in den Kühlschrank legen.

In der Zwischenzeit die Füllung zubereiten. Die Zwiebel schälen und würfeln. Den Lauch in feine Streifen schneiden. Die Stiele der Mangoldblätter abtrennen und in feine Streifen schneiden. Olivenöl in einer Pfanne erhitzen, Zwiebelwürfel anbraten. Die Mangoldstiele dazugeben. Den Ahornsirup hinzufügen und kurz karamellisieren lassen. Lauch hinzufügen, Hitze reduzieren. Den Abrieb einer Zitrone, Salz und Pfeffer zum Gemüse geben, dann die Pfanne mit Sojasoße und dem Saft der Zitrone ablöschen. Hinzu kommen dann die Mangoldblätter. Den Deckel aufsetzen und das Gemüse ziehen lassen.

Nun die Creme zubereiten: Den Seidentofu mit der Stärke, dem Saft und Abrieb einer Zitrone und Salz pürieren. Die Masse zur Gemüsepfanne geben und alles gut vermengen.

Den Backofen auf 200 °C Ober-/Unterhitze vorheizen. Eine Springform einfetten. Den Teig aus dem Kühlschrank nehmen und so in die Springform drücken, dass ein 3 cm hoher Rand entsteht. Mit einer Gabel mehrmals in den Boden stechen und 10 Minuten blind backen. Die dritte Zitrone in feine Scheiben schneiden. Knoblauch schälen und reiben und mit dem Cayennepfeffer zur Füllung geben. Die Gemüsemasse auf dem Boden verteilen, die Zitronenscheiben kreisförmig platzieren und auf der unteren Schiene 30 Minuten backen. Vor dem Anschneiden abkühlen lassen.

4 Portionen
15 Min. Vorbereitung
45 Min. Kochzeit

LÖWENZAHN AN WILDREIS MIT APRIKOSEN-CHUTNEY

400 g Löwenzahn
100 g Walnüsse
200 g Wildreis
2 Schalotten
200 ml Sojasahne
2 EL Ahornsirup
2 EL Olivenöl
450 ml Wasser
1 EL Fenchelsamen
1 TL Salz
½ TL schwarzer Pfeffer

Das Chutney nach dem Rezept auf Seite S.85 zubereiten.

Den Wildreis waschen und in 400 ml gesalzenem Wasser aufkochen. 40 Minuten zugedeckt köcheln lassen. In der Zwischenzeit den Löwenzahn waschen und in feine Streifen schneiden. Die Schalotten schälen und in feine Ringe schneiden.

Die Walnüsse hacken und in einer kleinen Pfanne ohne Öl anrösten. In einer großen Pfanne Olivenöl erhitzen. Die Schalottenringe darin anbraten. Den Ahornsirup dazugeben und karamellisieren lassen. Danach Fenchelsamen und geröstete Walnüsse hinzufügen, vermengen. Den fein geschnittenen Löwenzahn in die Pfanne geben und mit 50 ml Wasser ablöschen. 3 Minuten ziehen lassen. Danach die Sojasahne angießen und mit Salz und Pfeffer abschmecken. Die Löwenzahnpfanne mit dem Wildreis und dem Aprikosen-Chutney servieren.

4 Portionen
20 Min. Vorbereitung
10 Min. Kochzeit

MASALA-FRITTERS MIT ROSENKOHL AN JOGHURTDIP

Rosenkohl
500 g Rosenkohl
1 Karotte
90 g Kichererbsenmehl
½ Zitrone
10 g Leinmehl
1 TL Kurkuma
1 TL Chili gemahlen
1 TL Garam Masala
½ TL Natron
1 ½ TL Salz
1 EL Kokosblütenzucker
5 EL Kokosöl
80 ml Wasser

Joghurtdip
500 ml Sojajoghurt
2 EL getrocknete Minze
½ Gurke
1 TL Salz
½ Zitrone

Die Gurke entkernen und in sehr kleine Würfel schneiden. In eine Schüssel geben und salzen. Saft der Zitrone auspressen und die Schale abreiben. Mit der getrockneten Minze, dem Joghurt sowie den Gurkenwürfeln vermengen und ziehen lassen.

In einem großen Topf Wasser zum Kochen bringen. Gegebenenfalls die äußeren Blätter vom Rosenkohl entfernen. Den Rosenkohl bis auf den Strunk in feine Streifen schneiden oder hobeln. Ins Wasser geben, 4 Minuten lang blanchieren und in einem Sieb abgießen.

Die Karotte schälen und raspeln. Saft der Zitrone auspressen. In einer Schüssel das Kichererbsenmehl mit Leinmehl, Gewürzen, Salz, Zucker und Natron vermengen.

Mit Wasser und Zitronensaft zu einem Teig rühren. Rosenkohlstreifen und Karottenraspeln dazugeben, kneten. Mit angefeuchteten Händen Bratlinge formen. Diese auf einen Teller legen. Das Öl in einer Pfanne erhitzen und die Bratlinge für 5 Minuten bei mittlerer Hitze goldbraun braten. Heiß mit dem kalten Joghurtdip servieren.

300 g
15 Min. Vorbereitung

GIERSCHPESTO MIT BASILIKUM

50 g Giersch
30 g Basilikum
100 g Pinienkerne
2 Knoblauchzehen
150 ml Olivenöl
1 EL Hefeflocken
1 TL Salz
1 TL Pfeffer, schwarz
1 Zitrone

Die Pinienkerne in einer Pfanne ohne Öl bei mittlerer Temperatur goldbraun rösten. Die Knoblauchzehen schälen, die Basilikumblätter abzupfen, den Giersch waschen und die Zitronenschale abreiben.

Giersch, Basilikum, Zitronenschale, Olivenöl und Knoblauchzehen in ein hohes Gefäß geben und mit dem Pürierstab zu einem Pesto mixen. Dann Pinienkerne, Hefeflocken, Salz und Pfeffer dazugeben und abermals pürieren. Das Pesto mit etwas Zitronensaft nach Geschmack verfeinern und in ein sauberes Schraubglas geben.

Die Oberfläche glattstreichen und mit Öl bedecken.
So hält sich das Pesto im Kühlschrank mehrere Wochen.

1 Springform
25 Min. Vorbereitung
45 Min. Backzeit

STREUSELKUCHEN MIT STACHELBEEREN

Kuchenboden mit Obst
250 g Dinkelmehl 630
800 g Stachelbeeren
100 g Margarine
100 g Rohrohrzucker
20 ml Mineralwasser
1 Prise Salz

Streusel
150 g Dinkelmehl 630
50 g Rohrohrzucker
1 Päckchen Vanillezucker
80 g Margarine
1 Prise Salz

In einer Schüssel alle trockenen Zutaten für den Mürbeteig vermengen. Die Margarine in Stücke schneiden und dazugeben. Mit den Händen kneten, das Mineralwasser dazugeben, zu einer Kugel formen. Die Teigkugel in einer Frischhaltefolie für mindestens 1 Stunde in den Kühlschrank legen.

Für die Streusel Margarine in einem kleinen Topf schmelzen und anschließend abkühlen lassen. Das Mehl mit dem Rohrohrzucker, Vanillezucker und Salz in einer Schüssel vermengen. Nun die abgekühlte aber flüssige Margarine dazugeben und mit den Fingern Streusel formen.

Den Backofen auf 180 °C Ober-/Unterhitze vorheizen. Eine Springform einfetten. Den Teig auf den Boden drücken und einen 2 cm hohen Rand ziehen. Mit einer Gabel Löcher in den Boden stechen. 15 Minuten blind backen.

In der Zwischenzeit den Stiel der Stachelbeeren entfernen. Die Stachelbeeren auf dem vorgebackenen Boden verteilen, die Streusel darüber geben. Den Kuchen 30 Minuten backen. Vor dem Anschneiden den Kuchen komplett auskühlen lassen.

1 Springform
40 Min. Vorbereitung
50 Min. Backzeit

GEDECKTER APFELKUCHEN

Füllung
1 kg Äpfel
50 ml Agavendicksaft
2 TL Zimt
1 TL Kardamom, gemahlen
2 EL Stärke

Teig
400 g Dinkelmehl Type 630
70 g Rohrohrzucker
150 g Margarine
½ TL Salz
5 EL eiskaltes Wasser

Margarine in einem Topf langsam schmelzen. Die Äpfel schälen, entkernen und in kleine Stücke schneiden, dann in einer Schüssel mit Agavendicksaft, Zimt und Kardamom gut vermengen. Beiseite stellen.

Mehl mit Zucker und Salz in einer großen Schüssel vermengen, die geschmolzene Margarine dazugeben und kneten. In einer kleinen Schale das Wasser kühlen, am besten mit Eiswürfeln. Esslöffelweise das Wasser an den Teig geben und einkneten, bis er so elastisch ist, dass man ihn ausrollen kann. Zwei Drittel des Teiges zwischen zwei Schichten Backpapier so groß ausrollen, dass er den Boden und den Rand der Form bedeckt. Die Form einfetten.

Eine Schicht Backpapier abziehen und über die Form legen. Den Teig hineingleiten lassen, indem man die obere Schicht Backpapier abzieht. Boden und Rand der Springform sollten mit Teig bedeckt sein. Den überlappenden Teig abschneiden.

Den Ofen auf 180 °C Ober-/Unterhitze vorheizen. Nun die Stärke mit den Apfelstücken vermengen und die Füllung in die Form geben. Den restlichen Teig ausrollen, auf den Kuchen legen und die Ränder mit den Fingern vorsichtig zusammendrücken. Mit einem scharfen Messer acht Schlitze sternförmig in den Deckel ritzen. Den Kuchen 50 Minuten backen. Wer mag, kann den Kuchen vor dem Servieren mit Puderzucker bestreuen.

Cosmopolitan

4 Portionen
15 Min. Vorbereitung
15 Min. Kochzeit

MISO-AUBERGINEN

4 Auberginen
5 EL Miso
3 EL Reisessig
1 Limette
2 TL Kokosblütenzucker
2 EL Kokosöl
1 Frühlingszwiebel
1 EL heller Sesam
1 EL schwarzer Sesam
200 g Sushi-Reis

Die Auberginen längs halbieren, den Stiel der Frucht nicht abtrennen. Vorsichtig das Fruchtfleisch bis zur Schale kreuzweise einritzen. In einer großen Pfanne das Kokosöl erhitzen. Reis nach Anleitung zubereiten. Backofen auf 200 °C Grillstufe vorheizen.

Auberginen mit der Haut nach unten in die heiße Pfanne legen, circa 5 Minuten braten. Nun die Hälften vorsichtig umdrehen und abermals 5 Minuten auf der fleischigen Seite mit geschlossenem Deckel braten.

In der Zwischenzeit die Miso-Soße zubereiten. Dafür die Limette auspressen und den Saft mit Miso, Reisessig und Zucker pürieren. Sobald die Auberginenhälften fertig gebraten sind, diese in eine Auflaufform legen und mit der Soße großzügig bepinseln.

Die Auberginen für 5 Minuten im Ofen backen. Währenddessen die Frühlingszwiebel in sehr feine diagonale Streifen schneiden, den Sesam in einer Pfanne ohne Fett rösten. Die Zwiebelstreifen und den Sesam über die Auberginen geben. Heiß mit Reis servieren.

200 ml
10 Min. Vorbereitung
10 Min. Kochzeit

SCHARFES TOMATENSAMBAL

6 große rote Chilis
3 Schalotten
4 Knoblauchzehen
3 Tomaten
1 EL Kokosöl
½ TL Salz

Chilis der Länge nach halbieren, entkernen und in Streifen schneiden. Schalotten und Knoblauch schälen und würfeln. Tomaten vierteln. In einer Pfanne das Kokosöl erhitzen.

Schalottenwürfel glasig schwitzen. Die Chilistreifen ebenfalls kurz mitbraten. Den Knoblauch, Tomaten und Salz hinzufügen. Alles unter Rühren einköcheln lassen.

Nach 10 Minuten das Sambal entweder mit einem Pürierstab zu einer pastenartigen Konsistenz pürieren oder klassischerweise in einem Mörser zu einer Paste mörsern.

4 Portionen
20 Min. Vorbereitung
10 Min. Kochzeit

GRÜNE-BOHNEN-KOKOS-SALAT MIT SAMBAL

Salat
200 g grüne Bohnen
100 g Spinat
50 g Sojasprossen
1 Karotte
50 g Kokosraspeln
1 Limette

Sambal
Rezept S.70

Das Sambal nach dem Rezept auf S.70 zubereiten. Die Enden der Bohnen abtrennen und in 3 cm lange Stücke schneiden. Spinatblätter vierteln. Karotte schälen und in möglichst 3 cm lange Streifen schneiden. In einer Pfanne die Kokosraspeln ohne Öl rösten.

In einem Topf Wasser zum Kochen bringen. Bohnen 2 Minuten blanchieren. Dann die Karottenstreifen dazugeben und beides zusammen 5 Minuten kochen lassen.

Anschließend den Spinat und die Sojasprossen für 30 Sekunden dazugeben. Alles in einem Sieb abgießen und in eine Schüssel geben. Den Limettensaft über den Salat geben. Das Sambal unterrühren. Alles gut vermengen. Mit den gerösteten Kokosraspeln garniert lauwarm servieren.

4 Portionen
10 Min. Vorbereitung
50 Min. Kochzeit

AUBERGINENSALAT MIT GRANATAPFEL

3 Auberginen
2 EL schwarzer Sesam
4 EL Tahin
1 Granatapfel
3 EL Olivenöl
1 Knoblauchzehe
3 Äste frische Minze
1 TL gemahlener Kreuzkümmel
½ Zitrone
1 TL Salz

Zu Beginn den Backofen auf 200 °C Umluft heizen. Die Auberginen in 5 cm große Würfel schneiden und in eine Auflaufform geben. Das Olivenöl dazugeben und die Würfel marinieren. 50 Minuten backen. Zwischendurch wenden.

In der Zwischenzeit den Granatapfel über die Arbeitsfläche rollen und in einer Schüssel mit Wasser mit einem scharfen Messer aufschneiden, die Kerne aus der Schale drücken und abseihen. Die Knoblauchzehe schälen und fein reiben. Die Zesten der Zitrone abreiben und ihren Saft auspressen. Die Minzblätter abzupfen und fein hacken.

Die Auberginenwürfel aus dem Backofen nehmen und 5 Minuten auskühlen lassen. Anschließend die Haut abziehen und das Fruchtfleisch in kleinere Würfel schneiden. Den Saft der Zitrone über die Auberginenwürfel gießen. Die Granatapfelkerne, die Minze, den Sesam und die Zitronenschale dazugeben und alles gut vermengen.

In einer kleinen Schüssel das Tahin mit Olivenöl, Kreuzkümmel, Salz und dem Knoblauch anrühren. Den Salat mit dem Dressing marinieren.

1 mittelgroße Auflaufform
30 Min. Vorbereitung
1 Std. Kochzeit

KHIBBE

Zwiebel-Walnussmischung
3 Gemüsezwiebeln
100 g Walnüsse
2 EL Olivenöl

Hirse-Kartoffelmischung
200 g Hirse
600 g mehligkochende Kartoffeln
2 Zitronen
1 TL Kreuzkümmel
1 TL Zimt
1 TL Chili, gemahlen
½ TL Koriander, gemahlen
½ TL Paprika, scharf
½ TL Kurkuma
2 EL getrocknete Minze
1 Prise Piment
1 TL Salz
½ TL schwarzer Pfeffer
100 ml Olivenöl

Gurken-Joghurt-Soße
½ Gurke
600 ml Sojajoghurt
1 ½ TL Curry-Gewürzmischung
½ TL Salz
1 Zitrone
2 TL Olivenöl
½ TL schwarzer Pfeffer

Hirse in der doppelten Menge Wasser 5 Minuten kochen, 10 Minuten quellen lassen. Kartoffeln waschen und in einem großen Topf 25 Minuten kochen.

Walnüsse grob hacken, in einer Pfanne ohne Fett anrösten, beiseite stellen. Zwiebeln schälen und in feine Streifen schneiden. In der Pfanne Olivenöl erhitzen, Zwiebeln glasig schwitzen, Walnüsse dazugeben. Backofen auf 200 °C Ober-/Unterhitze vorheizen. Kartoffeln abgießen und mit der Schale stampfen. Gekochte Hirse dazugeben und vermengen. Schale der Zitronen abreiben, den Saft auspressen. Die Gewürze, Olivenöl, Zitronenzesten und -saft dazugeben und die Masse mit den Händen durchkneten.

Zwiebelmischung in die Auflauform geben. Aus der Hirse-Kartoffelmasse große Ballen formen und einzeln in die Auflaufform drücken. Mit einem Messer etwa 1 cm tiefe Schlitze einritzen. Olivenöl großzügig darüber verteilen. Für 50 Minuten im Ofen backen.

Für den Joghurtdip die Gurke mit der Schale reiben. Schale einer halben Zitrone abreiben und Saft der ganzen Zitrone auspressen. Gurke mit dem Salz, Curry-Gewürzmischung und der Zitronenschale vermischen, 10 Minuten ziehen lassen.

Nun den Sojajoghurt, Zitronensaft und das Olivenöl unterrühren. Mit Salz und Pfeffer abschmecken und bis zum Verzehr im Kühlschrank aufbewahren. Den fertig gebackenen Auflauf mit der Gurken-Joghurt-Soße servieren.

200 g
25 Min. Vorbereitung

ROTE CURRYPASTE

1 Knolle Knoblauch
1 Stange Zitronengras
3 cm Kurkumawurzel
3 kleine scharfe rote Chilis
2 große milde rote Chilis
3 Korianderwurzeln
10 Mini-Schalotten
3 cm Ingwer
6 getrocknete Tomaten
2 Kaffirlimettenblätter
1 EL Sojasoße
2 TL Salz

Die getrockneten Tomaten in Streifen schneiden und in einer kleinen Schüssel für mindestens 15 Minuten in heißem Wasser einweichen.

Die Knoblauchzehen schälen und grob hacken. Das Zitronengras und die Chilischoten in feine Streifen schneiden. Die Schalotten schälen und würfeln. Die Kurkumawurzel und den Ingwer reiben. Die Korianderwurzeln hacken und die Kaffirlimettenblätter in Streifen schneiden.

Die Tomaten abgießen und mit den anderen Zutaten in ein hohes Gefäß geben, zu einer feinen Paste pürieren. In ein Schraubglas füllen und im Kühlschrank aufbewahren.

4 Portionen
30 Min. Vorbereitung
20 Min. Kochzeit

ROTES THAI-CURRY

1 rote Paprika
300 g Naturtofu
100 g Zuckerschoten
1 Aubergine
1 rote Zwiebel
200 g Basmatireis
½ Bund Koriander
½ Bund Thai-Basilikum
2 EL rote Currypaste (S.78)
500 ml Kokosmilch
1 EL Kokosöl
1 Limette
3 TL Salz

Die Currypaste nach dem Rezept auf S.78 zubereiten.

Den Reis waschen und 10 Minuten einweichen. Abgießen und dann mit der doppelten Menge Wasser und Salz aufkochen. Den Tofu in 1 cm dicke Würfel schneiden, in eine Schüssel geben und mit 2 TL Salz vermengen. Die Zwiebel schälen und würfeln. Die Paprika in Rauten und die Aubergine in Würfel schneiden.

In einem Topf das Kokosöl erhitzen und die Zwiebelwürfel darin anbraten. Die Currypaste dazugeben, gut vermengen. Mit Kokosmilch aufgießen, aufkochen lassen. Zuckerschoten, Paprikarauten und Auberginenwürfel in den Topf geben. Alles zusammen 15 Minuten köcheln lassen.

In der Zwischenzeit den Koriander und das Thai-Basilikum hacken. In einer Pfanne Kokosöl erhitzen und die Tofuwürfel scharf anbraten. Den Tofu kurz vor dem Servieren zum Curry geben. Die Limette auspressen und das Curry damit abschmecken. Mit Koriander, Thai-Basilikum und Reis servieren.

4 Portionen
30 Min. Vorbereitung
20 Min. Kochzeit

5-BOHNEN-CURRY

Curry
100 g weiße Bohnen
100 g Kidneybohnen
100 g Azukibohnen
100 g Borlottibohnen
100 g Pintobohnen
1 Gemüsezwiebel
3 Knoblauchzehen
3 cm Ingwer
2 TL Koriander, gemahlen
1 TL Kreuzkümmel, gemahlen
1 TL Paprika scharf
2 Kurkumawurzeln
2 TL Chili, gemahlen
5 EL Tomatenmark
400 ml Tomaten, gestückelt
500 ml Kokosmilch
1 Limette
1 TL Salz
1 EL Kokosöl

Reis
250 g Basmatireis
500 ml Wasser
2 TL Salz

Bei getrockneten Bohnen die Hälfte der Menge verwenden. Diese über Nacht einweichen und je nach Sorte 1–2 Std. kochen. Die Bohnen aus dem Glas oder aus der Dose abwiegen und in Schälchen bereitstellen.

Die Zwiebel und Knoblauchzehen schälen und würfeln. Ingwer und Kurkuma schälen und reiben. Reis waschen und in einem Topf mit Wasser und Salz nach Packungsanleitung kochen.

In einer großen Pfanne Kokosöl erhitzen. Zwiebelwürfel, Knoblauch, Kurkuma und Ingwer anbraten. Die Gewürze dazugeben. So lange unter Rühren anbraten, bis sich ein feiner Duft entfaltet. Das Tomatenmark und die Tomaten unterrühren und das Ganze mit der Kokosmilch aufgießen.

Nun die 5 Bohnensorten dazugeben, alles gut vermengen und mindestens 10 Minuten köcheln lassen. Zum Schluss mit Salz und Limettensaft abschmecken und heiß mit dem Reis servieren.

500 ml
15 Min. Vorbereitung
40 Min. Kochzeit
30 Min. Ruhezeit

APRIKOSEN-CHUTNEY

- 500 g Aprikosen
- 5 rote Chilischoten
- 1 Gemüsezwiebel
- 40 g Ingwer
- 1 EL Kreuzkümmelsamen
- 1 TL Kardamom
- 1 EL Kokosöl
- 4 EL Reissirup
- 160 ml Apfelessig
- ½ TL Salz

Die Aprikosen entsteinen, achteln und nochmals halbieren. Die Zwiebel schälen und in feine Würfel schneiden. Chilischoten fein hacken und Ingwer reiben.

Nun in einem kleinen Topf das Kokosöl erhitzen. Die Zwiebelwürfel darin glasig schwitzen. Ingwer, Chili, Gewürze, Salz und Reissirup dazugeben. Alles zusammen für 2 Minuten anbraten. Nun die Aprikosenstückchen hinzufügen. Gut vermengen und mit dem Essig ablöschen. Die Hitze reduzieren. Das Chutney circa 30 Minuten köcheln lassen, bis die Flüssigkeit verdampft ist.

Vor dem Servieren das Chutney mindestens 30 Minuten abkühlen lassen. In sterilisierte Schraubgläser abfüllen und im Kühlschrank aufbewahren.

4 Portionen
20 Min. Vorbereitung
30 Min. Kochzeit

GEFÜLLTE AUBERGINEN

Auberginen
4 Auberginen
100 g Orzo (kleine Reisnudeln)
1 rote Paprika
3 Tomaten
1 rote Zwiebel
2 Knoblauchzehen
6 getrocknete Tomaten
1 TL getrockneter Oregano
1 TL getrockneter Rosmarin
1 TL getrockneter Majoran
1 TL getrockneter Thymian
1 TL getrockneter Basilikum
6 EL Olivenöl
1 TL Salz
1 ½ TL geräuchertes Paprikapulver

Tahin-Soße
6 EL Tahin
150 ml Wasser
1 Knoblauchzehe
1 TL Salz
½ Zitrone
½ TL Zimt

Den Backofen auf 200 °C Umluft vorheizen. Die Auberginen der Länge nach durchschneiden und mit einem scharfen Messer kreuzweise einritzen. In einer kleinen Schüssel das Olivenöl mit Salz und geräuchertem Paprikapulver vermengen. Die Auberginen mit der Marinade einpinseln. In einer Auflaufform für 30 Minuten backen.

In einem Topf Wasser mit Salz zum Kochen bringen. Die Orzo-Nudeln für 6 Minuten weich kochen. Immer wieder umrühren, da diese Nudeln gerne ankleben. Dann abgießen und beiseite stellen.

Für die Tahin-Soße die Knoblauchzehe schälen und reiben. Die Zitrone auspressen. Beides mit allen anderen Zutaten in einen Mixbecher geben und zu einer sämigen Soße pürieren. Die Zwiebel schälen und würfeln. Den Knoblauch abziehen und fein hacken. Die Paprika und die Tomaten fein würfeln. Die getrockneten Tomaten in feine Streifen schneiden.

Die Auberginenhälften aus dem Ofen nehmen und kurz auskühlen lassen. Dann das Fruchtfleisch mit einem Löffel auskratzen und würfeln. Die leeren Auberginenschiffchen in der Auflaufform beiseitestellen.

In einer Pfanne Öl erhitzen. Darin die Zwiebeln und den Knoblauch anbraten. Auberginenfleisch, Tomaten- und Paprikawürfel sowie die getrockneten Tomaten dazugeben. Unter Rühren das Gemüse mit allen Kräutern abschmecken und salzen. Zum Schluss die Orzo-Nudeln untermengen. Die Auberginenhälften mit der Gemüsemischung füllen. Auf einen Teller geben, mit der Tahin-Soße garnieren und warm servieren.

4 Portionen
10 Min. Vorbereitung
40 Min. Kochzeit

SCHWARZER-REIS-PUDDING MIT GEBRATENEN BANANEN

Reispudding
170 g schwarzer Reis
80 g weißer Rundkornreis
4 EL Kokosblütenzucker
400 ml Kokosmilch
½ TL Salz
1 EL Rohrohrzucker
1 l Wasser

gebratene Bananen
2 reife Bananen
2 EL Kokosöl

Die beiden Reissorten waschen. In einem Topf mit Wasser, Kokosblütenzucker und Salz zum Kochen bringen. Die Temperatur reduzieren und 30 Minuten köcheln lassen.

10 Minuten lang nach und nach die Hälfte der Kokosmilch zum Reis geben. Dabei immer wieder umrühren. Die Konsistenz soll puddingartig werden.

Den Rest der Kokosmilch mit Zucker in einem kleinen Topf erhitzen. Bananen schälen und der Länge nach halbieren. Kokosöl in einer Grillpfanne erhitzen und die Bananen darin anbraten. Den Reispudding mit der warmen Kokosmilch und den gebratenen Bananen servieren.

Everybody's
darling

4 Portionen
40 Min. Vorbereitung
40 Min. Kochzeit

ZWEIERLEI-SELLERIE-BOLOGNESE

450 g Knollensellerie
200 g Staudensellerie
500 g Tomaten
100 ml Orangensaft
4 EL Bratöl
500 ml passierte Tomaten
2 EL Olivenöl
2 Gemüsezwiebeln
1 TL Kokosblütenzucker
2 Knoblauchzehen
1 Zweig Rosmarin
2 EL Tomatenmark
150 ml Rotwein, trocken
½ TL geräuchertes Paprikapulver
100 ml Wasser
2 Lorbeerblätter
1 ½ TL Salz
½ TL Zimt
½ TL schwarzer Pfeffer
500 g Spaghetti

Knollensellerie schälen und grob raspeln. Das Bratöl in einer Pfanne erhitzen und den geraspelten Knollensellerie 5 Minuten scharf anbraten, beiseite stellen. Staudensellerie in feine Scheiben schneiden, Zwiebeln schälen und fein, Tomaten grob würfeln. Knoblauchzehen schälen und hacken, Rosmarinnadeln fein hacken.

Nun in einem Topf das Olivenöl erhitzen und die Zwiebeln darin anbraten. Zucker und Rosmarin dazugeben und rühren, bis ein markanter Duft entsteht. Nun den angerösteten Knollensellerie hinzufügen und das Tomatenmark unterrühren. Mit dem Rotwein ablöschen und 10 Minuten köcheln lassen.

Rauchpaprika, Salz und Pfeffer mit den Tomatenwürfeln in den Topf geben und alles gut verrühren. Danach die passierten Tomaten, das Wasser, den Orangensaft und die Lorbeerblätter zu der Bolognese geben. Zuletzt den Staudensellerie, Zimt und gehackten Knoblauch unterrühren.

Bei mittlerer Temperatur mindestens 30 Minuten, am besten jedoch über mehrere Stunden, köcheln lassen und immer wieder rühren. In der Zwischenzeit einen Topf mit Salzwasser zum Kochen bringen und die Spaghetti nach Packungsanleitung kochen. Abgießen und mit der Sellerie-Bolognese servieren.

4 Portionen
15 Min. Vorbereitung
10 Min. Kochzeit

BULGUR-TABOULEH

Bulgur
300 g Bulgur
2 Gurken
6 Tomaten
2 Zitronen, Saft und Schale
4 EL getrocknete Minze
1 Bund Petersilie
1 rote Zwiebel
4 EL Olivenöl
2 TL Salz
2 TL Pfeffer
1 IL Zimt
1 TL Cayennepfeffer
1 EL Gemüsebrühenpulver
700 ml Wasser

Hummus
240 g Kichererbsen (Dose)
2 EL Sesammus
1 Zitrone, Saft
1 TL Salz
3 EL Olivenöl
1 TL gemahlener Kreuzkümmel
50 ml Wasser
1 TL Chiliflocken

Außerdem
4 Fladenbrote

Zu Beginn für den Bulgur-Salat Wasser aufkochen. Den Bulgur mit dem Gemüsebrühenpulver in eine Schüssel geben und mit dem Wasser übergießen. Abgedeckt 15 Minuten quellen lassen.

In der Zwischenzeit für den Hummus die Kichererbsen abgießen und ein paar Kichererbsen für die Deko zur Seite legen. Die restlichen Kichererbsen mit Olivenöl, Tahin, Salz und Kreuzkümmel in eine Schüssel geben. Die Zitrone auspressen und den Saft zusammen mit etwas Wasser zu den Kichererbsen geben. Alles fein pürieren und durchziehen lassen.

Nun für den Salat die Schale der Zitronen abreiben und den Saft auspressen. Die Tomaten und Gurken in feine Würfel schneiden. Die Petersilie hacken und die Zwiebel in feine Würfel schneiden.

Das Gemüse mit der Petersilie und der Zitronenschale in eine Schüssel geben. Salz, Zimt, Cayennepfeffer und Pfeffer dazugeben. Den Bulgur hinzufügen und alles gut vermengen. Mit dem Zitronensaft und Olivenöl marinieren und mit Minze würzen. 5 Minuten ziehen lassen.

Den Hummus mit etwas Chiliflocken garnieren und den Bulgur-Salat mit Hummus und Fladenbrot servieren.

4 Portionen
15 Min. Vorbereitung
30 Min. Kochzeit

POLENTA-PIZZA

Polenta-Boden
250 g Polenta
750 ml Wasser
1 EL Gemüsebrühenpulver
1 EL Olivenöl
1 TL Salz

Tomatensoße
500 ml passierte Tomaten
2 Knoblauchzehen
1 EL Oregano
1 TL Salz

Belag
1 gelbe Paprika
½ rote Zwiebel
4 EL Basilikumpesto
5 Champignons
50 g Pinienkerne
8 Cocktailtomaten

Das Wasser mit dem Gemüsebrühenpulver in einem Topf aufkochen, Salz und Olivenöl hinzufügen und die Polenta unter Rühren einrieseln lassen. Die Hitze reduzieren, 2 Minuten weiter rühren, 5 Minuten quellen lassen. Den Backofen auf 200 °C Ober-/Unterhitze heizen.

In der Zwischenzeit die passierten Tomaten in eine Schüssel geben, den Knoblauch schälen und dazureiben. Oregano und Salz hinzufügen. Soße vorerst beiseite stellen.

Ein Backblech mit Backpapier auslegen. Die Polenta-Masse kreisförmig circa 1 cm dick darauf verteilen. Am besten geht das Formen mit feuchten Händen, so lässt sich auch gut ein dickerer Rand formen. Den Pizzaboden 10 Minuten vorbacken.

In der Zwischenzeit die Zwiebel schälen. Paprika und Zwiebel in feine Ringe schneiden, die Champignons in Scheiben und die Pinienkerne in einer Pfanne anrösten.

Den Pizzaboden aus dem Backofen holen, mit der Tomatensoße bestreichen und mit dem geschnittenen Gemüse belegen. Basilikumpesto in Kleksen darauf geben. Die Cocktailtomaten auf die Pizza legen und das Ganze 20 Minuten backen.

Die Pizza aus dem Ofen nehmen, mit den Pinienkernen bestreuen und 5 Minuten abkühlen lassen. So lässt sie sich besser schneiden.

200g
10 Min. Vorbereitung
20 Min. Ruhezeit

FEIGENKETCHUP

4 getrocknete Tomaten
100 g Tomatenmark
3 getrocknete Feigen
½ TL edelsüßes Paprikapulver
1 TL Apfelessig
½ TL Salz
Wasser

Die getrockneten Feigen und die getrockneten Tomaten in feine Streifen schneiden und in warmem Wasser für 20 Minuten ziehen lassen. Abgießen und 50 ml des Einweichwassers zurückhalten.

Tomaten- und Feigenstreifen sowie Tomatenmark, Paprikapulver, Salz, Apfelessig und das zurückbehaltene Einweichwasser in ein hohes Gefäß geben.

Das Ganze pürieren, bis eine homogene Masse entstanden ist. Das Ketchup gleich servieren oder für maximal eine Woche im Kühlschrank aufbewahren.

4 Portionen
15 Min. Vorbereitung
10 Min. Kochzeit

BUCHWEIZENWAFFELN MIT SPINAT

300 g Buchweizenmehl
80 g gemahlene Mandeln
125 g Spinat
1 Zitrone
2 EL Hefeflocken
2 EL Kartoffelmehl
1 TL Backpulver
1 TL Salz
500 ml Wasser

Die Zitrone auspressen. Den Spinat mit Zitronensaft und Wasser zu einer homogenen Masse mixen oder pürieren, beiseite stellen.

In einer Schüssel alle trockenen Zutaten vermengen, danach den flüssigen Spinat mit einem Handmixer unterrühren. Der Teig sollte zäh, aber noch leicht flüssig sein.

Das Waffeleisen gut aufheizen und einfetten, den Teig großzügig hineingeben und mit einem Löffel verteilen. Nach circa 10 Minuten sind die Waffeln fertig.

Hierzu passt der Frühlingsquark aus dem Ofengemüse-Rezept S.130.

4 Portionen
20 Min. Vorbereitung
20 Min. Kochzeit

CHILI CON VERDURAS

150 g Sojagranulat
240 g Mais (Dose)
480 g Kidneybohnen (Dose)
2 TL Kakao
800 ml gestückelte Tomaten (Dose)
1 Gemüsezwiebel
2 Knoblauchzehen
3 EL Tomatenmark
2 EL Margarine
400 ml Wasser
2 TL Salz
1 TL schwarzer Pfeffer
2 TL geräuchertes Paprikapulver
1 TL Kreuzkümmel
2 TL Chili
1 TL Zimt
1 EL Ahornsirup
2 EL Sojasoße
1 Limette
½ Bund Koriander
1 Liter Wasser
1 EL Gemüsebrühenpulver
100 g Tortilla-Chips

Gemüsebrühe aufkochen. Das Sojagranulat mit der kochenden Gemüsebrühe übergießen, 10 Minuten ziehen lassen und dann über einem Sieb abgießen.

In der Zwischenzeit die Zwiebel schälen und würfeln. Den Knoblauch abziehen und ebenso wie den Koriander fein hacken. Den Mais und die Kidneybohnen über einem Sieb abgießen.

In einem großen Topf die Margarine schmelzen. Die Zwiebelwürfel darin anbraten und den Knoblauch sowie den Ahornsirup dazugeben. Dann die Hitze reduzieren. Die Gewürze hinzufügen und vermengen. Dann kommt das Tomatenmark hinzu und nochmals gut umrühren. Mit den gehackten Tomaten aufgießen. Nach und nach das Wasser dazugeben und den Mais sowie die Bohnen unterrühren. Das Ganze mit Salz und Kakao abschmecken.

Das Sojagranulat in einer Pfanne kurz und scharf in Margarine anbraten. Mit Sojasoße ablöschen, zum Chili geben und alles zusammen für 5 Minuten köcheln lassen.

Die Limette auspressen und das Chili sin carne damit abschmecken. In Schüsseln füllen und mit Koriander und Tortilla-Chips garniert servieren.

4 Portionen
25 Min. Vorbereitung
15 Min. Kochzeit

BUCHWEIZENPFANNKUCHEN MIT GEMÜSEFÜLLUNG

Gemüsefüllung
1 großer Brokkoli
1 Gemüsezwiebel
240 g Kichererbsen, vorgekocht
2 Knoblauchzehen
800 g Tomaten, gestückelt
1 EL Kokosöl
½ Zitrone
½ TL Zimt
½ TL Salz
½ Bund Petersilie

Pfannkuchen
200 g Buchweizenmehl
1 EL Lupinenmehl
2 TL Backpulver
½ TL Salz
2 TL Kokosöl
1 EL Apfelessig
400 ml Mandeldrink

Die Röschen des Brokkoli abtrennen und 10 Minuten in einem Topf mit Dämpfeinsatz weich dünsten. Den Strunk schälen, der Länge nach vierteln, in kleine Stücke schneiden. Für den Teig die trockenen Zutaten in einer Schüssel vermengen. Kokosöl in einem Töpfchen schmelzen. Den Mandeldrink, Apfelessig und Kokosöl mit einem Handmixer unterrühren. 15 Minuten ziehen lassen.

In der Zwischenzeit die Zwiebel schälen und in feine Würfel schneiden. Die Kichererbsen abseihen und waschen. In einem großen Topf Kokosöl erhitzen und die Zwiebeln mit den Strunkstücken anbraten. Zimt dazugeben. Nun mit den Tomaten aufgießen und ca. 5 Minuten köcheln lassen. Das Gemüse mit Zitronenabrieb, Zitronensaft und geriebenem Knoblauch würzen. Die Brokkoliröschen und die Kichererbsen dazugeben, salzen.

In einer Pfanne Kokosöl erhitzen und eine Kelle Teig langsam in die Mitte der Pfanne gießen. Die Pfanne so schwenken, dass sich der Teig gleichmäßig verteilt. Wenden, sobald der Teig Bläschen wirft. Die Petersilie fein hacken und die Hälfte an das Gemüse geben. Einen Pfannkuchen auf einen Teller legen und eine Hälfte mit dem Gemüse bedecken. Pfannkuchen einklappen und mit der restlichen Petersilie garnieren.

4 Portionen
25 Min. Vorbereitung

HIRSEPFANNE MIT ERBSEN & MINZJOGHURT

Hirsepfanne
250 g Hirse
200 g Erbsen
100 g gehackte Mandeln
1 EL getrocknete Minze
2 Zitronen
1 TL Steinsalz
600 ml Wasser
1 EL Gemüsebrühenpulver

Minzjoghurt
1 Gurke
400 ml Sojajoghurt
1 TL Salz
1 EL Zitronenabrieb
1 EL getrocknete Minze
1 TL Steinsalz

Die Hirse mehrmals waschen. Das Wasser mit Gemüsebrühenpulver zum Kochen bringen. Darin die Hirse 10 Minuten mit geschlossenem Deckel köcheln lassen. Quellen lassen und zwischendurch mit einer Gabel auflockern.

Die Gurke waschen und mitsamt der Schale fein reiben. Etwas salzen und ruhen lassen. Nach 5 Minuten das Wasser abgießen. Zitronenabrieb, Minze, Salz und Sojajoghurt hinzufügen, vermengen und ziehen lassen.

In der Zwischenzeit die Erbsen in etwas kochendem Wasser 3 Minuten blanchieren.

Die gehackten Mandeln ohne Öl in einer Pfanne rösten. Nun die Hirse mit Zitronensaft, Minze und Salz abschmecken. Die Erbsen und die gerösteten Mandelstückchen unterheben.

6 Portionen
30 Min. Vorbereitung
30 Min. Kochzeit

HAFER-PANCAKES MIT APFELMUS & WALNÜSSEN

8 Äpfel
70 g Walnüsse
600 ml Mandeldrink, ungesüßt
400 g Haferflocken
1 EL Chiasamen
3 TL Zimt
3 EL Ahornsirup
1 EL Apfelessig
2 TL Backpulver
1 Prise Salz
4 EL Kokosöl
100 ml Wasser
Puderzucker

Die Äpfel vierteln, entkernen, klein schneiden und in einem Topf mit Wasser und Zimt zum Köcheln bringen.

Die Haferflocken in eine Schüssel geben und mit einem Pürierstab zerkleinern. Salz, Backpulver, Chiasamen und Zimt zum Haferflockemehl geben.

Mit dem Handrührgerät Mandeldrink, Ahornsirup und Apfelessig unterrühren. Die weichen Äpfel zu Mus pürieren. Pro Portion einen Teelöffel Apfelmus zum Teig geben und verrühren. Diesen dann nochmal 5 Minuten ruhen lassen. Die Walnüsse grob hacken.

In einer Pfanne das Kokosöl erhitzen. Pro Pancake eine Kelle Teig in das heiße Öl geben und Pancakes von beiden Seiten goldgelb ausbraten.

Die fertigen Pancakes mit dem Apfelmus und den Walnüssen je auf einen Teller geben und mit Puderzucker bestreut servieren.

400 g
15 Min. Vorbereitung

SCHOKOLADEN-AUFSTRICH

250 g Haselnussmus
50 g Kakao
150 ml Mandeldrink, ungesüßt
6 Datteln
1 EL Kokosöl
1 Vanilleschote
1 Prise Salz

Die Datteln, falls nötig, entkernen und in feine Streifen schneiden. Nussmus mit Kokosöl, Kakao und Salz in eine Schüssel geben. Das Mark der Vanilleschote auskratzen und dazugeben. Das Ganze zu einer homogenen Masse pürieren.

Den Mandeldrink nach und nach angießen. Die Dattelstreifen zu der Schokoladencreme hinzufügen und nochmals gründlich pürieren. In ein Glas füllen, sofort servieren oder über Nacht in den Kühlschrank stellen, so dass der Aufstrich gut durchziehen kann.

4 Portionen
15 Min. Vorbereitung
2 St. Ruhezeit

SEIDENTOFU-DESSERT MIT NOUGAT

400 g Seidentofu
180 g vegane Nougatschokolade
1 Prise Salz
2 EL Puderzucker

In einem Wasserbad die Schokolade schmelzen. Eine Prise Salz zu der Schokolade geben und im Anschluss die geschmolzene Schokolade etwas abkühlen lassen.

Den Seidentofu mit Puderzucker in einer Schüssel pürieren, bis eine homogene Masse entsteht. Nun langsam die geschmolzene Schokolade in die Tofumasse gießen und weiter pürieren, bis sich alles vermengt hat.

Die Schokoladencreme in Dessertgläser füllen und mindestens für 2 Stunden in den Kühlschrank stellen. Zum Servieren mit frischem Obst und Kokosraspeln garnieren.

Coming
together

18 Stück
15 Min. Vorbereitung
25 Min. Backzeit
30 Min. Ruhezeit

BRÖTCHENBLUME

350 g Dinkelvollkornmehl
150 g Kamutmehl
100 g gemischte Saaten, z.B. Leinsamen, Mohn, Sesam, Sonnenblumenkerne
1 Würfel Hefe
400 ml Wasser
½ TL Rohrohrzucker
4 EL Olivenöl
1 TL Salz

Die Mehle in einer großen Schüssel vermengen. In der Mitte eine Mulde formen und Hefe, Zucker und lauwarmes Wasser hineingeben. Alles mit den Händen zu einem homogenen Teig kneten und eine Kugel formen. Den Teig zugedeckt für 20 Minuten an einem warmen Ort gehen lassen.

Den Backofen auf 200 °C Ober-/Unterhitze heizen. Auf einer bemehlten Arbeitsfläche den Teig nochmals gut durchkneten, dabei Öl und Salz einarbeiten. Den Teig in 19 gleich große Stücke teilen und diese rund formen.

Die Oberfläche eines jeden Teiglings mit Olivenöl bepinseln und mit den Saaten bestreuen. Die Brötchen auf das mit Backpapier ausgelegte Backblech setzen und hierbei eine Blume formen. Mit einem Tuch bedecken und nochmals 5 Minuten ruhen lassen.

Nun den Brötchenkranz auf der mittleren Schiene 25 Minuten backen. Warm servieren oder später abgekühlt essen.

4 Portionen
20 Min. Vorbereitung
20 Min. Kochzeit

KOHLRABIEINTOPF MIT FRISCHEM KNOBLAUCH & ZITRONENMELISSE

4 Kohlrabi
1 Knolle frischer Knoblauch
1 Bund Zitronenmelisse
1 Bund Petersilie
300 g Karotten
500 g festkochende Kartoffeln
3 Stangen Staudensellerie
1 Gemüsezwiebel
3 EL Olivenöl
1 Zitrone
¼ l Wasser
1 EL Gemüsebrühenpulver
4 EL Dinkelmehl Type 630
1 TL Zimt
1 EL Salz
1 TL Pfeffer
1 TL Chilipulver

Zwiebel, Kohlrabi, Karotten und Kartoffeln schälen und würfeln. Den Staudensellerie in feine Scheiben schneiden.

Das Olivenöl in einem großen Topf erhitzen und Zwiebelwürfel darin glasig schwitzen. Die Schale der Zitrone abreiben. Diese mit Pfeffer, Zimt sowie Chilipulver an die Zwiebeln geben und warten, bis sich ein feiner Duft entfaltet. Die Kartoffelwürfel dazugeben und 2 Minuten anbraten. Das restliche Gemüse für 5 Minuten mitbraten. Das Gemüsebrühenpulver dazugeben, mit Wasser angießen und 10 Minuten köcheln lassen.

In der Zwischenzeit die Kräuter fein hacken. Die Knoblauchzehen abziehen und hacken. In einem Glas das Mehl mit etwas Brühe aus dem Topf anrühren, an den Kohlrabieintopf geben und leicht köcheln lassen, sodass die Konsistenz cremiger wird. Das Salz hinzufügen und abschmecken.

Ganz zum Schluss mit gehacktem Knoblauch, gehackten Kräutern und Zitronensaft verfeinern. Den Eintopf heiß servieren.

4 Personen
15 Min. Vorbereitung
20 Min. Kochzeit

MANGOLDLINSEN MIT LIMETTE & TEMPEH

Mangoldlinsen
250 g rote Linsen
350 g Mangold
2 Limetten
3 cm Ingwer
8 Tomaten
2 Frühlingszwiebeln
1 rote Zwiebel
1 TL Kurkuma
½ TL Cayennepfeffer
1 ½ TL Salz
1 EL Kokosöl
600 ml Wasser

Tempeh
250 g Tempeh
1 EL Sojasoße
1 EL Kokosöl

Die Mangoldstiele abtrennen und in Streifen schneiden, die Blätter für später beiseite legen. Die Zwiebel schälen und fein würfeln. Die Tomaten achteln und die Frühlingszwiebeln in feine Ringe scheiden. Den Ingwer reiben.

In einem großen Topf Kokosöl erhitzen. Die Zwiebelwürfel und die Mangoldstiele darin anbraten, Kurkuma hinzufügen. Nun die Linsen in den Topf geben und eine Minute glasig schwitzen. Dann mit dem Wasser nach und nach aufgießen. Die Tomatenwürfel und die Frühlingszwiebeln dazugeben, mit Cayennepfeffer und Ingwer würzen, einköcheln lassen.

Das Tempeh in Streifen schneiden. In einer Grillpfanne das Öl erhitzen und die Tempehstreifen von beiden Seiten darin anbraten. In der Zwischenzeit die Mangoldblätter in Streifen schneiden und den Saft der Limetten auspressen.

Die Tempehstreifen mit Sojasoße ablöschen. Wenn die Linsen gar sind, aber noch Biss haben, die Mangoldblätter und das Salz in die Linsen geben und 5 Minuten mitkochen lassen.

Den Mangold-Linsen-Eintopf mit dem Limettensaft abschmecken, in Schüsseln verteilen und mit den Tempehstreifen on top servieren.

4 Portionen
15 Min. Vorbereitung
2 Std. Ruhezeit

BAYRISCHE BROTZEIT

200 g mehligkochende Kartoffeln
80 g Cashewkerne
3 EL Hefeflocken
2 EL Miso
1 Schalotte
½ Bund Schnittlauch
2 EL Sojajoghurt, ungesüßt
80 g Margarine
1 TL Apfelessig
1 TL edelsüßes Paprikapulver
1 TL gemahlener Kümmel
1 TL Salz
4 Brezeln

Margarine aus dem Kühlschrank nehmen. Die Cashewkerne für 2 Stunden in Wasser einweichen.

Wasser zum Kochen bringen. Die Kartoffeln schälen, würfeln und 10 Minuten kochen.

Nun das Wasser der Cashews abgießen und die weichen Cashews mit dem Joghurt sowie den Hefeflocken cremig pürieren.

Die gekochten Kartoffeln, Margarine, Essig, Miso, Paprikapulver, Kümmel und Salz hinzufügen und zu einer homogenen Masse pürieren. Für mindestens 20 Minuten zum Festwerden in den Kühlschrank stellen.

Vor dem Servieren die Schalotte sehr fein würfeln und unter die Masse heben. Mit einem Eisportionierer Kugeln formen und zu Brezeln auf einem Brett platzieren.
Den Schnittlauch in feine Röllchen schneiden und den Aufstrich damit garnieren.

6 Portionen
15 Min. Vorbereitung
20 Min. Kochzeit

COUSCOUS MIT FENCHELGEMÜSE

Gemüse
5 Fenchelknollen
3 große Karotten
240 g Kichererbsen, vorgekocht
1 rote Zwiebel
2 Knoblauchzehen
1 TL scharfes Paprikapulver
1 TL Kreuzkümmelsamen
1 TL Salz
1 l Wasser

Couscous
400 g Couscous
500 ml Wasser
3 EL Olivenöl
50 g Mandelstifte
5 Datteln
1 Zitrone
10 Blätter Minze

Couscous in eine Schüssel geben, mit dem Olivenöl übergießen und gut vermengen. Datteln entkernen und in Scheiben schneiden. Die Schale der Zitronen abreiben und den Saft auspressen. Die Mandelstifte in einer Pfanne ohne Öl goldbraun rösten. Minze fein hacken.

Für das Gemüse die Zwiebel schälen und würfeln, Knoblauchzehen schälen und fein hacken. Die Fenchelknollen der Länge nach halbieren, Strunk entfernen und der Länge nach achteln. Die Karotten schälen und in Scheiben schneiden. Kichererbsen in ein Sieb gießen.

Das Olivenöl in einer großen Pfanne erhitzen. Zwiebelwürfel 3 Minuten anbraten. Knoblauch, Fenchelachtel, Karottenscheiben und Kichererbsen dazugeben. Mit Paprikapulver, Salz und Kreuzkümmel würzen. Mit dem Wasser ablöschen und 15 Minuten köcheln lassen.

In der Zwischenzeit das Wasser für den Couscous zum Kochen bringen und ihn damit übergießen. 5 Minuten ziehen lassen, mit einer Gabel auflockern.

Geröstete Mandelstifte, Dattelscheiben, Minze und Salz mit dem Couscous vermengen. Zitronenschale und -saft jeweils zur Hälfte auf dem Fenchelgemüse und dem Couscous verteilen. Den Couscous nochmals gut verrühren und mit dem Fenchelgemüse servieren. Auf Wunsch mit Chiliflocken garnieren.

4 Personen
15 Min. Vorbereitung
20 Min. Kochzeit

MANGOLDEINTOPF MIT WEISSEN BOHNEN & OLIVEN

1 große rote Zwiebel
8 Blätter Mangold
15 schwarze Oliven
5 Knoblauchzehen
1 EL Olivenöl
100 g Tomatenmark
300 ml Weißwein, trocken
1 Lorbeerblatt
1 EL Majoran
1 TL Thymian
1 TL Salz
½ TL Cayennepfeffer
1 TL schwarzer Pfeffer
2 EL Kapern
720 g weiße Bohnen, vorgekocht
400 ml Wasser
1 EL Gemüsebrühenpulver
1 Zitrone
1 TL dunkler Balsamico-Essig

Zwiebel schälen und fein würfeln. Knoblauch schälen. Die Stiele der Mangoldblätter abtrennen und in feine Streifen schneiden. Oliven und Knoblauchzehen halbieren. Die Schale der Zitrone abreiben.

Olivenöl in einem großen Topf erhitzen. Die Zwiebel, Mangoldstreifen und Oliven scharf anbraten. Tomatenmark dazugeben, gut vermengen. Weißwein angießen.

Lorbeerblatt, Majoran, Thymian, Salz, Pfeffer, Cayennepfeffer, Kapern und Knoblauchhälften dazugeben. Die Temperatur zurückdrehen und alles unter Rühren 5 Minuten köcheln lassen.

Bohnen waschen und in den Topf geben. Die Mangoldblätter längs halbieren und in Streifen schneiden. Wasser und Gemüsebrühenpulver zum Eintopf geben, 10 Minuten köcheln lassen.

Zum Schluss mit Balsamico-Essig und Zitronenabrieb abschmecken.

4 Portionen
10 Min. Vorbereitung
30 Min. Kochzeit

BIRYANI MIT APRIKOSEN & MINZ-CHUTNEY

Biryani
250 g Basmatireis
12 getrocknete Aprikosen
100 g Pistazien
1 TL Kurkuma
1 rote Zwiebel
2 Knoblauchzehen
1 Karotte
1 TL Garam Masala
½ Zimt
3 Kardamomkapseln
1 TL Salz
2 EL Sesamöl
1 EL Ahornsirup
400 ml Wasser

Minz-Chutney
1 Bund Minze
1 grüne Chilischote
2 cm Ingwer
½ Zitronen
½ gemahlener Kreuzkümmel
½ TL Salz
50 ml Wasser

Ofen-Kichererbsen
240 g Kichererbsen (Dose)
2 EL Sesamöl
1 TL Kurkuma
1 TL Salz

Für die Ofen-Kichererbsen den Backofen auf 200 °C Ober-/Unterhitze vorheizen.

Die Kichererbsen abgießen und in eine kleine Auflaufform geben. Mit Sesamöl, Salz und Kurkuma marinieren und für 25–30 Minuten im Ofen rösten.

Für das Minz-Chutney die Minzblätter vom Stil entfernen und den Ingwer reiben. Die Chili hacken, den Zitronensaft auspressen. Alle Zutaten in einen Mixbecher geben und mit einem Pürierstab fein pürieren.

Für das Biryani den Reis in einem Sieb waschen. Dann in einem Topf mit Wasser aufgießen. Die Kardamomkapseln zerdrücken und mit dem Salz zum Reis geben, aufkochen und 15 Minuten köcheln lassen.

In der Zwischenzeit die Zwiebel in feine Würfel schneiden, die Karotte und den Knoblauch in Scheiben und die getrockneten Aprikosen in Streifen. Das Sesamöl in einer großen Pfanne erhitzen. Zwiebel und Karotten, Aprikosen, Knoblauch und die Hälfte der Pistazien anbraten, dann die Gewürze und Salz dazugeben. Alles gut umrühren, bis ein feiner Duft entsteht.

Mit dem Ahornsirup verfeinern. Den fertigen Reis dazugeben und alles gut vermengen. Zum Schluss die Kichererbsen aus dem Ofen über den Reis geben und mit den restlichen Pistazien garnieren. Das Minz-Chutney dazu servieren.

6 Portionen
15 Min. Vorbereitung
2 Std. Ruhezeit

OFENGEMÜSE IM POLENTA-MANTEL MIT FRÜHLINGSQUARK

Ofengemüse
1 kg Kartoffeln, festkochend
1 Aubergine
1 Zucchini
8 EL Polenta
2 rote Zwiebeln
1 rote Paprika
10 Knoblauchzehen
1 Zitrone
80 ml Olivenöl
2 TL geräuchertes Paprikapulver
3 Zweige Rosmarin
2 TL Salz

Salat
1 Kopfsalat
5 EL Olivenöl
3 EL weißer Balsamico-Essig
1 EL Senf
½ TL Salz
½ TL Pfeffer
½ TL Zimt

Frühlingsquark
1 Bund Schnittlauch
400 ml Sojaquark
1 EL Leinöl
2 Knoblauchzehen
1 TL Salz
½ TL Pfeffer

Kartoffeln schälen und mit der Zucchini in 0,5 cm dicke Scheiben schneiden. Aubergine der Länge nach vierteln und in 1 cm dicke Scheiben schneiden. Zwiebeln schälen und der Länge nach achteln. Paprika in Rauten schneiden, Knoblauch abziehen, Zitrone achteln.

Die Kartoffelscheiben in eine Schüssel, das andere Gemüse mit den Zitronenachteln in eine zweite Schüssel geben. In einem Schüsselchen Olivenöl mit Rauchpaprika und Salz anrühren, Kartoffeln und Gemüse damit marinieren. Idealerweise einige Stunden ziehen lassen. Backofen auf 180 °C Grillfunktion heizen.

Die Hälfte der Polenta mit den Kartoffeln vermengen. Ein Backblech mit Backpapier auslegen, die Kartoffeln darauf verteilen und für 20 Minuten in den Ofen geben.

Die restliche Polenta unter das Gemüse heben und zu den Kartoffeln auf das Backblech geben. Gut verteilen. Rosmarinzweige darüber legen. 20 weitere Minuten grillen.

Schnittlauch in feine Ringe schneiden, Knoblauch abziehen und reiben. In einer Schüssel beide Zutaten mit Leinöl, Salz und Sojaquark anrühren, ziehen lassen.

Das Dressing für den Salat zusammen rühren, den Salat zupfen. Anmachen, sobald das Gemüse gar ist. Mit dem Dip servieren. Auf Wunsch mit Chiliflocken scharf würzen.

12 Stück
10 Min. Vorbereitung
15 Min. Backzeit

BLÄTTERTEIGTASCHEN MIT FRISCHKÄSE & PEPPERONI

2 Rollen veganer Blätterteig
300 g veganer Frischkäse
100 g milde Pepperoni
1 Frühlingszwiebel
1 TL Salz
½ TL Pfeffer
2 EL Olivenöl

Den Backofen auf 180 °C Ober-/Unterhitze heizen. Die Frühlingszwiebel und Peperoni in feine Ringe schneiden. Beides zusammen in einer kleinen Schüssel mit dem Frischkäse gut verrühren. Mit Salz und Pfeffer würzen.

Den Blätterteig auf Backblechen ausrollen und je in sechs quadratische Teile schneiden. Nun auf jedes Quadrat in die Mitte einen gehäuften Esslöffel der Füllung geben.

Den Blätterteig so zusammenfalten, dass ein Dreieck entsteht. Dabei darauf achten, dass ein Rand von 1 cm bleibt. Die Kanten vorsichtig einrollen. Mit Olivenöl bepinseln und für ca. 20 Minuten backen, bis die Blätterteigtaschen goldbraun sind. Mit einer Schüssel grünem Salat servieren.

8 Portionen
15 Min. Vorbereitung
25 Min. Backzeit
12 Std. Ruhezeit

TIRAMISU MIT JOHANNISBEEREN

Creme
350 g rote Johannisbeeren
600 g Seidentofu
300 g Margarine
8 EL Rohrohrzucker
3 EL Amaretto
2 EL Kakao

Biskuits
90 g Dinkelmehl Type 630
20 g Maisstärke
40 g Puderzucker
1 EL Rapsöl
3 TL Backpulver
50 ml Mandeldrink, ungesüßt
50 ml Sprudel
1 Prise Salz

Außerdem
160 ml starker Espresso

Backofen auf 200 °C Ober-/Unterhitze vorheizen. Für die Biskuits in einer Schüssel Mehl, Maisstärke, Puderzucker, Backpulver und Salz gut vermengen. Mit einem Handrührgerät Rapsöl, Mandeldrink und Mineralwasser unterrühren.

Margarine in einem Töpfchen sanft schmelzen. Eine Auflaufform mit Backpapier auslegen, den Teig auf das Backpapier gießen und 10 Minuten im Ofen backen. Die Johannisbeeren vom Stiel abtrennen. Für die Deko ein paar beiseite legen. Alle anderen auf 6 Dessertgläser verteilen und jeweils ½ TL Rohrohrzucker darüber geben. Den Biskuit aus dem Ofen nehmen und die Gläser für 15 Minuten bei 160 °C in den Ofen stellen.

In einer Schüssel den Seidentofu mit Zucker und Amaretto pürieren. Die geschmolzene und abgekühlte Margarine dazugeben. So lange pürieren, bis eine homogene Masse entsteht.

4 Espressi kochen und in einen tiefen Teller geben. Mit einem leeren Dessertglas vorsichtig Biskuits ausstechen. Nun beginnt das Schichten. In jedes Glas auf den Boden aus Johannisbeeren 4 EL Creme geben. Einen Biskuit in Espresso tunken, auf die Creme legen und bis zum Rand mit Creme bedecken.

Den Kakao über die Creme sieben. Idealerweise über Nacht kaltstellen. Vor dem Servieren mit den restlichen Johannisbeeren dekorieren.

1 Springform 26 cm
15 Min. Vorbereitung
40 Min. Backzeit

SCHOKOKUCHEN MIT ROTER BETE

Teig
300 g dunkle Schokolade
1 EL Kokosöl
500 g vorgekochte Rote Bete
6 EL Agavendicksaft
4 EL Sojamehl
12 EL Wasser
1 Prise Salz
200 g gemahlene Mandeln
3 TL Backpulver
2 EL Margarine

Guss
150 g dunkle Schokolade
3 EL Kokosraspeln

Backofen auf 200 °C vorheizen und eine Springform mit Margarine einfetten. Die Schokolade grob hacken und in einer Schüssel mit dem Kokosöl und Salz im Wasserbad schmelzen. Während die Schokolade schmilzt, Rote Bete in grobe Stücke schneiden und in eine Rührschüssel geben. Agavendicksaft dazugeben. Das Sojamehl mit Wasser in einer kleinen Schüssel anrühren, bis eine cremige Konsistenz entsteht.

Die gemahlenen Mandeln und das Backpulver unterrühren. Die geschmolzene Schokolade unter den Teig heben. Die Teigmasse in die eingefettete Springform füllen, in der Form glatt streichen und dann 40 Minuten backen.

Für die Schokoladenglasur die Schokolade grob hacken, im Wasserbad schmelzen und gleichmäßig auf dem Kuchen verteilen. Mit Kokosraspeln verzieren.

Grandma style

4 Portionen
15 Min. Vorbereitung
20 Min. Kochzeit

ERBSENEINTOPF MIT FRISCHEN KRÄUTERN

700 g TK-Erbsen
½ Bund Petersilie
3 Zweige Majoran
1 EL Oregano
1 Gemüsezwiebel
½ Stange Lauch
3 festkochende Kartoffeln
2 Karotten
200 g Räuchertofu
1,25 l Wasser
2 EL Gemüsebrühenpulver
1 Zitrone
1 Lorbeerblatt
2 TL Rauchsalz
1 TL Pfeffer
2 EL Dinkelmehl Type 630
1 EL Olivenöl

Die Zwiebel schälen und würfeln, Lauch in feine Ringe schneiden. Die Kartoffeln schälen und würfeln. Die Karotten schälen und in Scheiben schneiden.

In einem großen Topf das Öl erhitzen. Die Zwiebelwürfel anschwitzen und mit Pfeffer würzen. Karottenscheiben, Kartoffelwürfel und Lauchstreifen dazugeben. Nun den Majoran hacken und mit dem Oregano zum Gemüse geben. 2 Minuten braten. Das Wasser mit dem Gemüsebrühenpulver und dem Lorbeerblatt zum Gemüse geben. 20 Minuten köcheln lassen.

In der Zwischenzeit die Petersilie hacken und den Räuchertofu in 1 cm große Würfel schneiden. Das Mehl in Wasser auflösen und mit den Erbsen in den Topf geben. 5 Minuten mitköcheln lassen. Mit Rauchsalz und Pfeffer abschmecken.

Die Schale der Zitrone abreiben und zum Schluss den Eintopf damit verfeinern. Tofuwürfel unterrühren, mit Petersilie garniert servieren.

4 Portionen
15 Min. Vorbereitung
20 Min. Kochzeit

LAUCHCREMESUPPE MIT ROSA PFEFFER

8 Stangen Lauch
2 Kartoffeln
1 Gemüsezwiebel
6 Scheiben Weißbrot
1 ½ l Wasser
1 TL Gemüsebrühenpulver
250 ml Hafersahne
2 Lorbeerblätter
2 EL Olivenöl
1 ½ TL Salz
½ TL Zimt
1 TL Pfeffer
3 EL Margarine
4 Zweige Petersilie
1 EL Sojasoße
3 EL heller Balsamico-Essig
4 EL Kürbiskernöl

6 Stangen Lauch in 1 cm dicke Stücke, 2 Stangen in feine Streifen schneiden. Die Kartoffeln und die Zwiebel schälen und würfeln.

Das Olivenöl in einem Topf erhitzen. Die Zwiebelwürfel anbraten. Die Kartoffelwürfel und die dickeren Lauchstücke dazugeben und mitbraten. Mit Sojasoße ablöschen, mit Wasser aufgießen. Das Gemüsebrühenpulver und das Lorbeerblatt dazugeben und 15 Minuten köcheln lassen.

In einer Pfanne 1 EL Olivenöl erhitzen und den fein geschnittenen Lauch auf niedriger Temperatur anschwitzen. Mit Zimt würzen, salzen. Das Brot in Würfel schneiden. In einer weiteren Pfanne die Margarine erhitzen und die Croutons braten.

Lorbeerblätter aus der Suppe nehmen. Salz, rosa Pfeffer und Essig an die Suppe geben und 2 Minuten lang mixen oder pürieren. Die Sahne unterrühren. Mit dem angeschwitzten Lauch, den Croutons, Petersilie, rosa Pfeffer und Kürbiskernöl garnieren.

4 Portionen
25 Min. Vorbereitung
20 Min. Kochzeit

KARTOFFELRÖSTI MIT ZUCCHINI

500 g mehligkochende Kartoffeln
300 g Zucchini
80 g Kichererbsenmehl
1 TL Salz
3 EL Kokosöl

Die Kartoffeln schälen und die Enden der Zucchini abschneiden. Beides mit einer Reibe in eine Schüssel raspeln. Das geraspelte Gemüse in ein Tuch geben und über der Spüle auswringen, bis keine Flüssigkeit mehr austritt.

Die Gemüseraspeln in eine große Schüssel geben, das Kichererbsenmehl hinzu fügen und das Ganze mit den Händen kräftig durchkneten. Das Salz hinzufügen und nochmals vermengen.

In einer Pfanne das Öl auf mittlerer Stufe erhitzen. Mit den Händen flache Taler formen und diese in die Pfanne geben. Auf jeder Seite ca. 4 Minuten knusprig braten.

Danach auf ein Stück Küchenpapier legen, um das überschüssige Fett abzugeben. Heiß servieren.

4 Portionen
15 Min. Vorbereitung
25 Min. Kochzeit

PFÄLZER BROCKELBOHNEN

500 g Brechbohnen
800 g festkochende Kartoffeln
200 g Räuchertofu
2 EL Bohnenkraut
1 Gemüsezwiebel
1 l Wasser
1 ½ EL Gemüsebrühenpulver
1 Knoblauchzehe
80 g Margarine
1 EL Dinkelmehl Type 630
1 TL Salz
½ TL schwarzer Pfeffer
1 EL Sojasoße
1 Lorbeerblatt

Zwiebel schälen und würfeln. Die Enden der Bohnen abschneiden, den Faden rausziehen und die Bohnen in 2 cm breite Stücke schneiden. In einem großen Topf Margarine schmelzen und die Zwiebelwürfel darin glasig dünsten.

Wasser angießen und aufkochen lassen. Bohnen und Lorbeerblatt dazugeben. 20 Minuten mit geschlossenem Deckel köcheln lassen. In der Zwischenzeit die Kartoffeln schälen und in 2 cm große Würfel schneiden.

Nach 20 Minuten die Kartoffelwürfel in den Topf geben. Knoblauch schälen und reiben, mit dem Gemüsebrühenpulver zum Eintopf geben. 10 Minuten köcheln lassen.

Währenddessen den Räuchertofu in 1 cm große Würfel schneiden. In einer Pfanne die Margarine zerlassen und den Räuchertofu scharf anbraten.

In einem kleinen Topf die Mehlschwitze zubereiten: Margarine schmelzen, Dinkelmehl dazugeben. Mit einer Kelle dem Eintopf 100 ml Flüssigkeit entnehmen und unterrühren, bis eine sämige Konsistenz entsteht. Die Mehlschwitze zu dem Gemüse geben und gründlich vermengen.

Die Tofuwürfel mit Sojasoße ablöschen. Den Eintopf mit Bohnenkraut, Salz und Pfeffer würzen. Die angebratenen Tofuwürfel ebenfalls dazugeben und abschmecken. Den Eintopf heiß oder aufgewärmt am nächsten Tag servieren.

4 Portionen
40 Min. Vorbereitung
1 Std. Kochzeit

SCHNITZEL MIT ERBSEN & BABYKARTOFFELN

Sojaschnitzel
4 Soja Steaks
1 EL Gemüsebrühenpulver
400 ml Sojajoghurt, ungesüßt
1 EL Gulaschgewürz
1 EL Sojamehl
3 EL Wasser
1 TL Salz
100 g Semmelbrösel
5 EL Margarine

Babykartoffeln
500 g Babykartoffeln
2 Knoblauchzehen
2 Schalotten
3 EL Olivenöl
1 TL Salz
1 TL Ahornsirup
½ TL scharfes Paprikapulver
1 EL italienische Kräuter
1 Prise Chilipulver
½ Zitrone

Erbsen
450 g Erbsen TK
1 EL Margarine
½ Bund Petersilie
½ TL Salz
½ TL schwarzer Pfeffer

Für die Schnitzel in einem großen Topf Wasser zum Kochen bringen, Gemüsebrühenpulver dazugeben und die Steaks 20 Minuten weich kochen. Währenddessen die Marinade zubereiten. Sojajoghurt in eine große Form geben. Sojamehl in einer extra Schüssel mit Wasser anrühren, mit dem Gulaschgewürz und dem Salz zum Joghurt geben.

Den Ofen für die Kartoffeln auf 180 °C Umluft heizen. Die Babykartoffeln halbieren und in eine Schüssel geben. Knoblauchzehen schälen und hacken, Schalotten schälen und in Streifen schneiden, mit den restlichen Zutaten zu einer Marinade verrühren und diese über die Kartoffeln geben. Kartoffeln auf ein mit Backpapier ausgelegtes Backblech geben, 30 Minuten backen. Nachdem die Sojaschnitzel weich gekocht sind, diese über einem Sieb abgießen. Mithilfe zweier Holzbretter das Wasser ausdrücken und in die Schnitzelmarinade legen.

Die Semmelbrösel in eine extra Schale füllen, die marinierten Schnitzel darin gründlich panieren. Margarine in einer Pfanne erhitzen und die Schnitzel goldbraun ausbraten. Während die Schnitzel braten, die Erbsen in einem Topf mit Wasser 5 Minuten kochen. Petersilie fein hacken. Das Wasser der Erbsen abgießen und Petersilie, Margarine, Salz und Pfeffer unter die Erbsen rühren. Die Kartoffeln aus dem Ofen nehmen und alles zusammen auf einem Teller anrichten.

4 Portionen
1 Std. Vorbereitung
15 Min. Ruhezeit

SEMMELKNÖDEL MIT PILZRAHMSOSSE

Semmelknödel
8 Brötchen
1 Gemüsezwiebel
½ Bund Petersilie
500 ml Dinkeldrink
2 EL Leinmehl
4 EL Stärke
80 g Semmelbrösel
1 ½ TL Salz
1 TL Pfeffer
1 Prise Muskat
1 EL Margarine

Pilzrahmsoße
140 g getrocknete Pilze
1 l Wasser
1 EL Margarine
1 rote Zwiebel
1 TL Salz
1 TL Pfeffer
1 Zweig Thymian
500 ml Hafersahne

Die Brötchen in feine Scheiben schneiden und in eine große Schüssel geben. Die Zwiebel schälen und würfeln, 4 Blätter Petersilie beiseite legen, den Rest der Blätter hacken. In einer Pfanne die Margarine erhitzen und die Zwiebelwürfel glasig schwitzen. Die Petersilie dazugeben, kurz mitdünsten. In einem Töpfchen den Dinkeldrink leicht erhitzen und mit Salz, Muskat und Pfeffer würzen. Zwiebelmischung, Leinmehl, Stärke und Semmelbrösel zu den Brötchenscheiben geben. Den warmen Dinkeldrink darübergießen und alles gut verkneten. Mindestens 15 Minuten abgedeckt ziehen lassen.

In der Zwischenzeit für die Waldpilzrahmsoße das Wasser erhitzen und in einer Schüssel die getrockneten Pilze übergießen. Die Zwiebel schälen und fein hacken.

Einen großen Topf Wasser zum Sieden bringen. Einen Probeknödel formen, ins Wasser geben und prüfen, ob er hält. Sollte er auseinanderfallen, mehr Semmelbrösel zum Teig geben. Die restlichen Knödel formen, ins Wasser geben und 20 Minuten ziehen lassen.

Währenddessen für die Waldpilzrahmsoße Margarine in die Pfanne geben und die Zwiebelwürfel anbraten. Die Pilze abgießen, den Sud auffangen. Die Pilze zu den Zwiebeln geben, anbraten, mit Pfeffer und Salz abschmecken. Nach und nach den Sud angießen. Durch das ständige Angießen und Einköcheln wird die Soße besonders würzig und sämig. Die Pfanne mit einem Deckel abdecken und die Pilze schmoren lassen. Am Ende Thymian dazugeben und die Hafersahne angießen.

Zum Schluss die Semmelknödel mit einer Siebkelle aus dem Wasser nehmen, mit der Waldpilzrahmsoße auf Tellern anrichten und mit frischer Petersilie garnieren.

4 Portionen
30 Min. Vorbereitung
30 Min. Kochzeit

DUNKLE BRATENSOSSE

2 rote Zwiebeln
200 g Champignons
1 Karotte
1 Zweig Thymian
2 EL Olivenöl
2 EL Tomatenmark
1 EL Dinkelmehl Type 630
2 TL Rohrohrzucker
2 Lorbeerblätter
400 ml Wasser
1 EL Gemüsebrühenpulver
60 ml Rotwein, trocken
1 EL Sojasoße
1 TL Salz
Pfeffer

Zwiebeln und Karotte schälen. Champignons, Karotte und Zwiebeln grob würfeln. In einem großen Topf zuerst die Champignons in Olivenöl scharf anbraten, anschließend Karotte und Zwiebeln hinzugeben und 3 Minuten scharf anbraten.

Tomatenmark, Mehl und Zucker dazugeben und weiterbraten, bis am Boden Röstaromen entstehen.

Mit Rotwein und Sojasoße ablöschen, kurz einköcheln lassen. Wasser, Gemüsebrühenpulver, Salz, Pfeffer, Thymian und Lorbeerblätter hinzugeben. Mindestens 15 Minuten köcheln lassen.

Die Lorbeerblätter gegen Ende der Garzeit entfernen. 1 Minute mixen oder gründlich pürieren.

6 Portionen
30 Min. Vorbereitung
40 Min. Backzeit

ZUCCHINIGRATIN MIT ROTEN LINSEN

Auflauf
300 g rote Linsen
2 Zucchini
500 g Tomaten
5 festkochende Kartoffeln
8 EL Tomatenmark
1 Gemüsezwiebel
2 Knoblauchzehen
2 EL geräuchertes Paprikapulver
1 TL Zimt
1 TL Rosmarin
1 TL Majoran
1 TL Thymian
1 TL Bohnenkraut
1 TL Rohrohrzucker
700 ml Wasser
1 EL Gemüsebrühenpulver
½ Zitrone
2 TL Salz
5 EL Olivenöl

Béchamelsoße
50 g Margarine
2 EL Dinkelmehl 630
250 ml Sojadrink, ungesüßt
100 ml Sojasahne
3 EL Hefeflocken
1 TL Senf, mittelscharf
1 TL Kurkuma
1 TL Salz

Zu Beginn die Zwiebel schälen und würfeln. Kartoffeln waschen, in sehr feine Scheiben schneiden und in eine Schüssel geben. Salz und Olivenöl dazugeben, gut vermengen. Knoblauch schälen und hacken, Tomaten in Stücke schneiden. Die Zucchini in 5 mm dicke Scheiben schneiden und ebenfalls mit Olivenöl und Salz marinieren.

In einer Pfanne Olivenöl erhitzen, die Zwiebelwürfel glasig schwitzen, mit Zucker und Tomatenmark vermengen. Nun die Linsen kurz mit anschwitzen. Tomatenstücke, Knoblauch, Kräuter und Gewürze dazugeben. Mit Wasser und Gemüsebrühenpulver angießen und 15 Minuten köcheln lassen.

In der Zwischenzeit den Backofen auf 180 °C Umluft heizen. Kartoffelscheiben auf ein Backblech legen und 30 Minuten backen.

Für die Béchamelsoße Margarine in einem kleinen Topf schmelzen und das Mehl mit einem Schneebesen einrühren. Den Sojadrink nach und nach angießen, bis die Soße sämig wird. Nun die Sahne, Hefeflocken, Salz, Senf und Kurkuma dazugeben, rühren.

Die Linsen mit Salz, Zitronenabrieb und Zitronensaft würzen und in die Auflaufform füllen. Die Kartoffeln aus dem Ofen nehmen (nicht ausschalten!) und über den Linsen verteilen. Als oberste Schicht die rohen Zucchinischeiben daraufgeben.

Zum Abschluss die Béchamelsoße darübergießen und 20 Minuten goldbraun backen.

4 Portionen
20 Min. Vorbereitung
30 Min. Kochzeit

HIRSEAUFLAUF MIT BIRNEN

Auflauf
250 g Hirse
6 Birnen
700 ml Mandeldrink, ungesüßt
3 EL Rohrohrzucker
25 g Margarine
½ Zitrone
3 EL Wasser
2 TL Kardamom, gemahlen
1 TL Zimt
1 TL Johannisbrotkernmehl
1 Prise Salz

Topping
50 g gehackte Mandeln
30 g Rohrohrzucker
2 EL Wasser
1 Prise Salz

5 Birnen schälen, das Gehäuse entfernen und in Würfel schneiden. In einem kleinen Topf mit Wasser, Zitronensaft und Zimt ca. 15 Minuten köcheln lassen. Immer wieder umrühren. Parallel die Hirse mit Mandeldrink, Kardamom, Zucker und Salz in einem Topf zum Kochen bringen. Hitze reduzieren und 15 Minuten einköcheln lassen.

Anschließend das Johannisbrotkernmehl und die Margarine unterrühren. Zuletzt die gekochten Birnen dazugeben und gut vermengen.

Den Backofen auf 180 °C Ober-/Unterhitze vorheizen. In einer Pfanne Wasser mit Zucker erhitzen, Salz und gehackte Mandeln unterrühren. Rührend die Mandeln 1 Minute karamellisieren lassen.

Die letzte Birne halbieren, entkernen und längs achteln. Pro Portion eine kleine ofenfeste Schüssel einfetten. Die Hirsemasse hineingeben, je zwei Birnenscheiben darauf verteilen und das Mandelkrokant darübergeben. 15 Minuten backen. Vor dem Servieren kurz auskühlen lassen.

4 Portionen
20 Min. Vorbereitung
30 Min. Kochzeit

HASELNUSS-GUGELHUPF

250 g Dinkelmehl Type 630
100 g gemahlene Haselnüsse
50 g gemahlene Mandeln
170 ml Mandeldrink
190 g Margarine
160 g Rohrohrzucker
3 TL Backpulver
3 EL Sojamehl
1 Prise Salz
50 g vegane Kuvertüre
1 Handvoll ganze Haselnüsse

Die Margarine sanft in einem kleinen Topf schmilzen lassen. Den Backofen auf 180°C Ober-/Unterhitze heizen. Das Mehl in eine Schüssel sieben. Mit den gemahlenen Haselnüssen, Mandeln, Backpulver, Salz und Sojamehl vermengen.

In einer separaten Schüssel die geschmolzene Margarine mit dem Zucker schaumig schlagen. Die gemischten trockenen Zutaten unterheben. Nach und nach unter Rühren den Mandeldrink dazugeben.

Die Form einfetten, mit etwas Mehl bestäuben und den Teig hineingeben. Auf der untersten Schiene 40 Minuten backen. Den Kuchen anschließend auskühlen lassen.

Die Kuvertüre im Wasserbad schmelzen und über dem ausgekühlten Kuchen verteilen. Mit Haselnüssen verzieren und vor dem Anschneiden nochmals abkühlen lassen, sodass die Schokolade fest wird.

750 g
20 Min. Vorbereitung
30 Min. Kochzeit

KONFITÜRE AUS ROTEN JOHANNISBEEREN

1 kg rote Johannisbeeren
150 ml Agavendicksaft
1 TL Zimt
2 TL Agar-Agar

Den Backofen auf 100 °C Umluft vorheizen. Die Marmeladengläser auswaschen und ohne Deckel feucht in den Backofen stellen, um sie zu sterilisieren. Dort bleiben sie, bis die Konfitüre gekocht ist und in die Gläser gefüllt werden kann.

Die Johannisbeeren von den Rispen abtrennen. In einen Topf geben und unter Rühren erhitzen, bis die Beeren aufplatzen und der Saft austritt. Nun den Agavendicksaft und den Zimt dazugeben und unterrühren.

Das Agar-Agar hinzugeben und nochmals für 3 Minuten aufkochen.

Die Johannisbeer-Konfitüre in einen großen Messbecher füllen, damit du sie leichter einfüllen kannst. Dann direkt die Gläser aus dem Backofen nehmen und die Konfitüre einfüllen. Sofort mit den Deckeln verschließen und vollständig abkühlen lassen.

Surprising

4 Portionen
40 Min. Vorbereitung
30 Min. Kochzeit

ROSENKOHLAUFLAUF MIT BIRNEN & TAHIN-SAHNESOSSE

1 kg Rosenkohl
200 ml Sesammus
400 g mehligkochende Kartoffeln
80 g Pinienkerne
70 g getrocknete Tomaten
2 Birnen
3 Knoblauchzehen
200 ml Wasser
2 TL Salz
1 TL Pfeffer
1 TL Zimt
½ Zitrone
2 EL Olivenöl

Wasser in einem Topf zum Kochen bringen. Strunk und welke Blätter von den Rosenköhlchen entfernen und halbieren. 7 Minuten blanchieren, mit kaltem Wasser abschrecken. Die Pinienkerne in einer Pfanne ohne Öl goldbraun rösten.

Kartoffeln und Knoblauchzehen schälen und in sehr feine Scheiben schneiden. Das Kerngehäuse der Birnen entfernen und die Birnen ebenfalls in Scheiben schneiden. Die getrockneten Tomaten in Streifen schneiden.

Den Backofen auf 200 °C Ober-/Unterhitze vorheizen. Sesammus mit Wasser, Salz, Zimt, Zitronensaft, Knoblauch und Pfeffer zu einer Sahnesoße mixen. In einer großen Schüssel die Gemüse- und Obstscheiben mit den getrockneten Tomaten mischen. Je die Hälfte des Rosenkohls und der Sesamsahne dazugeben.

Eine Auflaufform mit Olivenöl einpinseln und die Masse hineingeben. Den restlichen Rosenkohl darauflegen. Nun die restliche Sesamsahne darübergeben und mit Pinienkernen bestreuen. Den Auflauf 40 Minuten backen, nach 20 Minuten mit Alufolie abdecken. Vor dem Servieren kurz abkühlen lassen.

4 Portionen
35 Min. Vorbereitung
5 Min. Kochzeit

MANGOLD-SOMMERROLLEN

Mangold-Rollen
16 Blätter Mangold
150 g Glasnudeln
150 g schwarze Johannisbeeren
1 rote Paprika
1 gelbe Paprika
3 cm Ingwer
4 milde Chilischoten
1 Limette
1 TL gemahlener Koriander
1 TL Salz
1 EL Sojasoße
2 EL Sesam

Erdnuss-Dip
200 g Erdnussmus
1 ½ Limetten
2 Knoblauchzehen
2 EL Sesamöl
1 ½ TL Salz
1 TL Ahornsirup
80 ml Wasser

Für den Dip den Saft der Limetten auspressen und zusammen mit dem Erdnussmus in eine kleine Schüssel geben. Die flüssigen Zutaten und das Salz dazugeben. Den Knoblauch reiben und den Dip zu einer sämigen Soße verrühren.

In einem großen Topf Wasser zum Kochen bringen. Die Stiele von den Mangoldblättern abtrennen und die Blätter eine Minute lang blanchieren. Mit einem Schöpflöffel die Mangoldblätter aus dem Wasser nehmen, mit kaltem Wasser abschrecken und auf ein Geschirrtuch legen.

Für die Marinade die Limette auspressen und mit der Sojasoße, Salz und Koriander verrühren.

Für die Füllung der Mangold-Röllchen die Glasnudeln mit kochendem Wasser übergießen, 5 Minuten ziehen lassen und abgießen. In der Zwischenzeit die Paprika in feine Streifen schneiden. Ingwer reiben, die Johannisbeeren abzupfen und die Chilis in feine Ringe schneiden.

Die Mangoldblätter füllen. Dazu zunächst mittig die Paprikastreifen und darauf die Glasnudeln platzieren. Mit Johannisbeeren, Ingwer und Chilis toppen und die Marinade darüber träufeln.

Zwei gegenüberliegende Seiten einklappen und von einer noch offenen Seite aus aufrollen. Die Mangold-Röllchen mit Sesam bestreuen und mit dem Dip servieren.

4 Portionen
20 Min. Vorbereitung
25 Min. Kochzeit

ROTE-BETE-RISOTTO MIT FENCHELSAMEN

- 2 Rote Bete
- 200 g Risottoreis
- 70 g Cashewkerne
- 200 ml Traubensaft
- 1 rote Zwiebel
- 5 EL Hefeflocken
- 2 Knoblauchzehen
- 1 EL Gemüsebrühenpulver
- 700 ml Wasser
- 1 TL Fenchelsamen
- 1 EL Olivenöl
- 2 TL Salz
- 1 TL schwarzer Pfeffer
- ½ Zitrone
- 3 EL Margarine
- ¼ Bund Petersilie

Rote Bete und Zwiebel schälen und würfeln. Knoblauch schälen und in Scheiben schneiden. Cashewkerne mit Hefeflocken und Salz in einen Mixbecher geben und mit einem Pürierstab zu veganem Parmesan mixen.

Fenchelsamen mörsern. Petersilie fein hacken. Olivenöl in einem Topf erhitzen. Zwiebel und Knoblauch darin anschwitzen. Gemörserte Fenchelsamen, Risottoreis und Rote Bete dazugeben. Gut verrühren und andünsten. Das Risotto mit Traubensaft ablöschen und dieses unter Rühren einkochen lassen.

Währenddessen Wasser kochen und die Gemüsebrühe darin auflösen. Nun nach und nach die Gemüsebrühe zum Risotto gießen.

Dabei das Risotto 15 Minuten ständig rühren. Das fast fertige Risotto vom Herd nehmen. Mit Salz, Pfeffer, Zitronensaft und dem selbstgemachten Cashew-Parmesan abschmecken. Die Margarine unterrühren. 5 Minuten ruhen lassen. In Teller geben und mit Petersilie garniert servieren.

4 Portionen
45 Min. Vorbereitung
1 Std. Kochzeit

JACKFRUIT-GULASCH

Gulasch
200 g Jackfruit, getrocknet
350 g Zwiebeln
1 großer Kräuterseitling
1 grüne Paprika
1 rote Paprika
2 Knoblauchzehen
3 EL Olivenöl
1 EL Ahornsirup
350 ml Rotwein, trocken
3 g getrocknete Steinpilze
1 EL Majoran
1 TL Thymian
1 ½ EL edelsüßes Paprikapulver
2 TL geräuchertes Paprikapulver
½ TL Cayennepfeffer
1 TL Salz
1 Lorbeerblatt
300 ml Wasser
1 EL Gemüsebrühenpulver

Marinade
2 EL Olivenöl
½ TL Knoblauchgranulat
½ TL Salz
½ TL geräuchertes Paprikapulver
1 Zitrone

Außerdem
500 g Dinkelbandnudeln
½ Bund Petersilie
frisch gemahlener Pfeffer

Jackfruit in eine Schüssel geben. Schale der Zitrone abreiben, Saft auspressen. Die Marinade anrühren, über die Jackfruit geben und gründlich vermengen.

Zwiebeln schälen und würfeln. Paprika entkernen, in Rauten schneiden. Kräutersaitling der Länge nach halbieren und in Streifen schneiden. Knoblauch schälen und hacken. Getrocknete Steinpilze in einen Blitzhacker geben und klein häckseln.

Öl in einem großen Topf erhitzen. Zwiebelstücke scharf anbraten. Mit Ahornsirup karamellisieren. Paprikarauten zugeben und später den Kräutersaitling hinzufügen.

Das Gemüse mit dem Rotwein ablöschen und 5 Minuten einköcheln. Knoblauch und Gewürze zugeben. Gulasch mit Wasser und Gemüsebrühenpulver aufgießen. Mindestens 45 Minuten köcheln lassen. Es wird schmackhafter, je länger es kochen kann.

Die Jackfruitstücke ohne zusätzliches Öl in einer Pfanne scharf anbraten und 10 Minuten vor dem Servieren zum Gulasch hinzufügen. Wasser für die Nudeln aufsetzen und die Nudeln nach Packungsanleitung kochen. Petersilie klein hacken.

Gulasch mit den Nudeln, Petersilie und frisch gemahlenem Pfeffer servieren.

4 Portionen
20 Min. Vorbereitung
25 Min. Kochzeit

BLUMENKOHL MIT SEMMELBRÖSELKRUSTE & MÖHREN-INGWER-STAMPF

Blumenkohl
1 großer Blumenkohl
100 g Dinkelsemmelbrösel
60 g Margarine
70 ml Haferdrink, ungesüßt
30 g Dinkelmehl Type 630
½ TL Steinsalz

Möhren-Ingwer-Stampf
500 g Möhren
300 g Süßkartoffeln
150 ml Haferdrink, ungesüßt
2 cm Ingwer
½ TL Steinsalz

200 g Räuchertofu
1 EL Margarine
1 EL Sojasoße
250 ml Hafersahne
3 EL Hefeflocken
10 Blätter frischer Basilikum

Einen Topf mit Wasser aufsetzen und zum Kochen bringen. Die Blätter des Blumenkohls abtrennen und den Blumenkohl 10 Minuten blanchieren. Möhren und Süßkartoffeln schälen und in Würfel schneiden. In einer Pfanne die Margarine schmelzen und die Semmelbrösel darin goldbraun rösten. Etwas salzen. Mehl und Pflanzendrink in einer Schüssel vermischen. Backofen auf 180 °C Umluft heizen. Blumenkohl mit einem Schöpflöffel aus dem Wasser nehmen.

Wasser wieder aufkochen und darin die Möhren- und Süßkartoffelwürfel 10 Minuten kochen. Die Röschen des ausgekühlten Blumenkohls abtrennen. Diese einzeln in die Mehlmischung tunken, durch die Semmelbrösel ziehen und in eine Auflaufform geben. 12 Minuten backen.

Die Zutaten für die Soße in den kleinen Topf geben, pürieren und erwärmen. Möhren- und Süßkartoffelwürfel abgießen und zurück in den Topf geben. In einem kleinen Topf den Haferdrink erwärmen und zu dem Gemüse geben. Die Möhren- und die Süßkartoffelwürfel mit dem geriebenen Ingwer, Salz und Haferdrink zerstampfen.

In einer Pfanne Margarine erhitzen. Den Tofu in Scheiben schneiden, anbraten und mit Sojasoße ablöschen. Auf vorgewärmten Tellern zunächst den Stampf, dann den Blumenkohl und die Tofuscheiben anrichten. Mit der Soße servieren.

4 Portionen
30 Min. Vorbereitung

ROTE-BETE-KOKOS-STAMPF MIT TEMPEH

Rote-Bete-Kokos-Stampf
2 große Rote Bete
4 Kartoffeln, festkochend
200 ml Kokosmilch
2 TL Zitronensaft
½ TL Salz

Pfannentempeh
1 kleine rote Zwiebel
2 EL Ahornsirup
200 g Babyspinat
400 g Tempeh
1 EL Sojasoße
1 EL Kokosöl

In einem Topf Wasser zum Kochen bringen. Kartoffeln und Rote Bete schälen. Kartoffeln vierteln, Bete in kleine Würfel schneiden. Zusammen 25 Minuten im Topf gar kochen.

Zwiebel schälen und würfeln. Tempeh ebenfalls würfeln. Zwiebeln in Kokosöl anbraten und mit Ahornsirup karamellisieren. Tempehwürfel hinzugeben. Nach 10 Minuten mit Sojasoße ablöschen und Spinat hinzufügen.

Wasser abgießen. Kokosmilch, Salz und Zitronensaft zu den Kartoffeln und der Roten Bete geben und alles miteinander verstampfen. Das Tempeh-Gemüse neben dem Stampf anrichten und heiß servieren.

4 Portionen
20 Min. Vorbereitung
15 Min. Kochzeit

KOHLRABISALAT MIT ERDNUSS & LIMETTE

200 g geröstete Erdnüsse
2 Kohlrabi
2 Karotten
10 Cocktailtomaten
2 Limetten
1 Knoblauchzehe
1 Frühlingszwiebel
1 grüne Chili
2 cm Ingwer
4 EL Sojasoße
1 EL Kokosblütenzucker
3 EL Miso

Die Erdnüsse grob hacken. Die Kohlrabi und die Karotten schälen, in Juliennestreifen schneiden oder hobeln und in eine Schüssel geben. Den Knoblauch abziehen und die Zehen grob hacken. Die Chili in feine Streifen schneiden. Den Ingwer fein hacken.

Die Limetten auspressen und den Saft mit Zucker, Sojasoße, Misopaste, Knoblauch und Chili gut vermengen. Hierfür eignet sich ein Mörser sehr gut.

Die Cocktailtomaten vierteln, zum Dressing geben und gut verrühren. Dann einen Großteil der Erdnüsse dazugeben und gründlich mit den Julienne-Kohlrabi-Karotten vermengen.

Den Salat idealerweise 15 Minuten durchziehen lassen. Die Frühlingszwiebel in feine, schräge Streifen schneiden und mit den restlichen Erdnüssen zusammen garnieren.

4 Portionen
20 Min. Vorbereitung
25 Min. Kochzeit

SONNENBLUMEN-BOLOGNESE

75 g Sonnenblumen-Hack
500 g Spaghetti
1 Gemüsezwiebel
3 Tomaten
1 l passierte Tomaten
2 Knoblauchzehen
1 TL Agavendicksaft
2 EL Olivenöl
1 TL Salz
1 TL schwarzer Pfeffer

Die Zwiebel und die Knoblauchzehen schälen und mit den Tomaten in feine Würfel schneiden. In einer Pfanne das Öl erhitzen. Die Zwiebelwürfel in die Pfanne geben, scharf anbraten. Agavdendicksaft dazugeben.

Das Sonnenblumen-Hack in die Pfanne geben. Die passierten Tomaten angießen, Zutaten gut vermengen, die Temperatur reduzieren. Zuletzt die Tomatenwürfel und den Knoblauch hinzufügen, mit Salz und Pfeffer abschmecken. Mindestens 20 Minuten köcheln lassen.

Die Nudeln in einem großen Topf mit kochendem Wasser und Salz kochen. Abgießen, mit der Bolognese servieren.

4 Personen
15 Min. Vorbereitung
25 Min. Kochzeit

KIRSCHAUFLAUF MIT GEPUFFTEM AMARANTH

80 g gepuffter Amaranth
400 ml Sojaquark
360 g Sauerkirschen (Glas)
50 g Dinkelgrieß
40 ml Agavendicksaft
2 EL Rohrohrzucker
1 Päckchen Vanillepuddingpulver
100 ml Haferdrink
1 EL Kokosöl

Den Backofen auf 180 °C Umluft vorheizen. Eine Auflaufform mit Kokosöl einfetten. Den Quark in eine Schüssel geben. Haferdrink und Puddingpulver dazugeben und zu einer homogenen Masse pürieren.

Agavendicksaft unterrühren. Den Grieß hinzufügen, mit einem Schneebesen vermengen. Mit einem großen Löffel den gepufften Amaranth unterheben.

Die Sauerkirschen aus dem Glas in ein Sieb geben und abtropfen lassen. Den Boden der Auflaufform mit den Kirschen bedecken und ein paar unter die Quarkmasse rühren. Diese auf die Kirschen in der Auflaufform geben und mit dem Zucker bestreuen. Den Auflauf 25 Minuten backen.

1 Kastenform
25 Min. Vorbereitung
50 Min. Backzeit
30 Min. Ruhezeit

ZITRONENKUCHEN MIT BLAUBEERGUSS

Kuchen
2 Zitronen
100 g Seidentofu
200 g Dinkelmehl Type 630
100 g Weizenmehl Type 405
150 g Rohrohrzucker
100 ml Mandeldrink, ungesüßt
2½ TL Backpulver
1 TL Natron
130 ml Rapsöl
½ TL Salz

Glasur
100 g Blaubeeren
120 g Puderzucker
1 EL Zitronensaft

Mehl mit Backpulver und Natron in eine große Schüssel sieben. Salz und Zucker dazugeben und mit einem Schneebesen gut vermengen. Den Backofen auf 180 °C Ober-/Unterhitze vorheizen.

Die Schale der Zitronen in eine Schüssel reiben. Zitronensaft auspressen und zur Zitronenschale geben. Seidentofu, Mandeldrink und Rapsöl hinzufügen. Alles zusammen mit einem Pürierstab zu einer homogenen Masse verarbeiten.

Die flüssigen mit den trockenen Zutaten vermengen, am besten mithilfe eines Schneebesens. Dabei nur so lange rühren, bis keine Klümpchen mehr zu sehen sind. So wird der Teig schön luftig.

Etwas Rapsöl auf ein Küchenpapier geben. Eine Kastenform damit einfetten und mit Backpapier auslegen. Den Teig hineingeben, glatt streichen und 50 Minuten backen. Die Stäbchenprobe anwenden: Bleibt kein Teig kleben, ist der Kuchen fertig. Auskühlen lassen.

Für die Glasur Blaubeeren in einem hohen Behälter pürieren. Dann mit einem Löffel durch ein Sieb drücken und den Saft in einer Schüssel auffangen.

In eine separate Schüssel Puderzucker geben, mit Zitronensaft und 2 EL Blaubeersaft mithilfe einer Gabel zu einer homogenen, sehr dickflüssigen Masse rühren. Diese über den abgekühlten Kuchen streichen, trocknen lassen und servieren.

4 Portionen
15 Min. Vorbereitung
15 Min. Backzeit
2 Std. Ruhezeit

WEISSE-SCHOKOLADE-DESSERT MIT CASSIS

Keksboden
150 g Dinkel-Vanillekipferl
50 g Margarine

Creme
100 g vegane weiße Schokolade
1 EL Kokosöl
150 ml aufschlagbare Sojasahne
250 g schwarze Johannisbeeren
1 Päckchen Sahnesteif

Backofen auf 180 °C Ober-/Unterhitze heizen. Die Schokolade mit dem Kokosöl im Wasserbad bei mittlerer Hitze schmelzen. Abkühlen lassen.

Die Sojasahne mit dem Sahnesteif steif schlagen.

Die Vanillekipferl in einen verschließbaren Gefrierbeutel geben und mithilfe eines Nudelholzes zu groben Bröseln zerkleinern. Margarine schmelzen.

Die Keksbrösel gemeinsam mit der Margarine in einer Rührschüssel vermischen und den Teig in 4 kleinen feuerfesten Gläschen auf dem Boden festdrücken.
10 Minuten in den Ofen stellen.

Für die Creme die Schokomasse und die Johannisbeeren unter die steife Sojasahne heben und alles zu einer homogenen Masse verrühren. Diese auf dem Keksboden verteilen. 1 Stunde kalt stellen. Mit Beeren verzieren.

Kitchen secrets

ZITRONE

In vielen meiner Gerichte ist Zitrone als Zutat nicht wegzudenken.

Für das Kochen und Backen mit Zitrone sind ein Zestenreißer für lange, harte Streifen und die Zestenreibe für sehr feine, geriebene Haut perfekte Helfer.

Meine Lieblingsrezepte

BUCHWEIZENWAFFELN MIT SPINAT S. 101
GIERSCHPESTO S. 61
IMMUNBOOSTER MIT KURKUMA & INGWER S. 33

Ihr Saft trägt die prägnante Säure, die, mit anderen Geschmacksrichtungen ausbalanciert, vielen Rezepten einen herrlichen Geschmack verleiht.

Empfehlenswert ist es, die Vitamin C-haltige Zitrone mit eisenhaltigen Lebensmitteln, wie grünem Gemüse oder Hirse zu kombinieren. So kann der Körper beide Nährstoffe besser aufnehmen.

Ihre Schale ist nicht sauer, enthält die ätherischen Öle der Frucht und sorgt für feine Zitrusaromen.

RÄUCHERTOFU

Mit seinem hohen Anteil an Proteinen lässt Räuchertofu sich hervorragend in eine ausgewogene Ernährung einbauen.

Für die Herstellung von Räuchertofu wird Naturtofu mit Buchenholzscheiten schonend geräuchert und ohne industrielle Verfahren verarbeitet. Er ist eine besonders schmackhafte Tofusorte, mit der ich sehr gerne deftige Gerichte verfeinere.

Räuchertofu eignet sich auch sehr gut als Brotbelag: Mit Senf und Essiggurken ist er eine sehr leckere Brotzeitkombination.

Meine Lieblingsrezepte

PFÄLZER BROCKELBOHNEN S. 146
BLUMENKOHL IN SEMMELBRÖSELKRUSTE S. 173
ERBSENEINTOPF MIT FRISCHEN KRÄUTERN S. 141

Räuchertofu lässt sich in wenigen Minuten zu pflanzlichem Speck verarbeiten und empfiehlt sich als Zutat für alle Gerichte, die konventionell mit Speck aus Fleisch von Schweinen zubereitet werden. Hierzu den Tofu fein würfeln, in Öl sehr scharf anbraten, bis die Würfel knusprig sind, geräucherte Paprika darüber geben und mit Sojasoße ablöschen.

SESAMMUS

Sesammus ist auch unter dem Namen Tahin, Tahini oder Tahina bekannt. Dieses Mus aus fein gemahlenen Sesamkörnern hat seine Wurzeln in der arabischen Küche und verleiht Gerichten ein nussig-feinens Aroma.

Im Regal findet man viele weitere Muse aus verschiedenen Saaten und Nüssen. Es lohnt sich, diese zu kosten und damit zu experimentieren, denn Muse auf Basis von Cashew, Erdnuss, Pistazie, Mandel, Haselnuss und weiteren Varianten bieten jeweils einen ganz eigenen Geschmack.

Meine Lieblingsrezepte

ROSENKOHLAUFLAUF MIT BIRNEN UND TAHIN-SAHNESOSSE S. 165
GEFÜLLTE AUBERGINEN S. 86
AUBERGINENSALAT MIT GRANATAPFEL S. 74

Ich verwende Sesammus sehr gerne für cremige Salatdressings, als Grundlage für selbstgemachte Pflanzensahne, als wichtige Zutat für Humus oder bereite daraus einen Dip für Ofengemüse oder Rohkost zu. Dazu einfach Sesammus mit Olivenöl, Zitronensaft, Salz und etwas Sojajoghurt anrühren.

SEIDENTOFU

Er schmeckt pur zunächst recht neutral. Doch seine seidige Konsistenz eröffnet viele Verwendungsmöglichkeiten. In der traditionellen japanischen Küche wird er in Scheiben geschnitten auf einem kleinen Teller serviert, garniert mit Sojasoße, frischem Ingwer, Sesam und Chili.

Innerhalb weniger Sekunden kann ein Block Seidentofu zu einer cremigen Masse püriert werden. Mit dieser lassen sich auf einfache Weise Füllungen für deftige Quiches oder die Basis für schnelle Desserts herstellen.

Seidentofu punktet auch mit Nährstoffen. Aufgrund seines hohen Wasseranteils ist er im Vergleich zu Quark oder Crème fraîche kalorienarm. Er weist außerdem einen hohen Eisen- und Proteingehalt auf.

Meine Lieblingsrezepte

MANGOLD-QUICHE MIT ZITRONE S. 54
ZWIEBELKUCHEN S. 49
SEIDENTOFU-DESSERT MIT NOUGAT S. 113

ZIMT

Zimt wird aus der Rinde des Zimtbaums gewonnen. Ich liebe seinen besonderen Duft, seinen Geschmack und nehme ihn besonders gerne als Zutat für solche Rezepte, die gar nicht stark nach Zimt schmecken sollen, jedoch über sein intensives Aroma eine gewisse Note erhalten. Schon ein Hauch von Zimt kann einem Gericht eine neue Geschmacksrichtung verleihen.

Beim Kauf darauf achten, dass es sich um die Sorte Ceylon-Zimt handelt, denn Ceylon-Zimt ist edler, aromatischer und weniger scharf als Cassia-Zimt.

Zimtstangen eignen sich super für schmorende und köchelnde Gerichte. Zimt hat einen hohen Gehalt an Antioxidantien, gilt als anregend, Appetit fördernd und wirkt sich wohltuend auf die Verdauung aus.

Meine Lieblingsrezepte

BLAUBEER-RADICCHIO MIT KNUSPER-TEMPEH S. 39
ZUCCHINIGRATIN MIT ROTEN LINSEN S. 154
CHILI CON VERDURAS S. 102

SOJASOSSE

Ich würze sehr gerne mit Sojasoße, um meinen Gerichten das gewisse Etwas zu verleihen. Wichtig ist es, mit dieser geschmacklich sehr intensiven Zutat sparsam umzugehen. Es soll vor allem darum gehen, dem Rezept eine deftige Note zu verleihen. Es soll aber nur in den seltensten Fällen intensiv nach Sojasoße schmecken.

Neben der am häufigsten verwendeten Sorte »dunkle Shoyu« gibt es die »helle Shoyu«, welche einen höheren Salzgehalt aufweist. Diese empfiehlt sich dann, wenn sich ein Gericht nicht dunkel färben sollte. Die Sorte »Tamari« zeichnet sich dadurch aus, dass sie ohne Weizen hergestellt wird, also glutenfrei ist. Ihr Geschmack ist etwas kräftiger als die Shoyu-Variante. Ich verwende in meiner Küche am liebsten Tamari.

Die fünfte Geschmacksrichtung neben süß, sauer, salzig und bitter nennt sich Umami, kommt aus dem Japanischen und steht für köstlich und würzig, für das Wohlschmeckende, das Deftige. Durch die Verwendung von Sojasoße kann man genau diesen Umami-Geschmack wunderbar in ein Gericht einarbeiten, idealerweise indem man die anfangs angebratenen Zutaten mit ihr ablöscht.

Sojasoße eignet sich wunderbar, um Naturtofu einen feinen Geschmack zu verleihen. Dazu den Tofu würfeln, salzen, ziehen lassen, in Öl scharf anbraten und mit Sojasoße ablöschen.

Meine Lieblingsrezepte

LAUCHCREMESUPPE MIT ROSA PFEFFER S. 142
MANGOLDLINSEN MIT LIMETTE & TEMPEH S. 121
DUNKLE BRATENSOSSE S. 153

GERÄUCHERTE PAPRIKA

Ich schätze an geräuchertem Paprika, dass dieses Gewürz natürlich hergestellt ist und ohne künstliche Aromen auskommt. Geräucherter Paprika eignet sich wunderbar für eine Marinade für Gemüse und Tofu. Hierzu Olivenöl, Salz, Pfeffer, Zitronenzesten, etwas Sojasoße, eine geriebene Zwiebel und geräucherten Paprika vermengen.

Meine Lieblingsrezepte

JACKFRUIT-GULASCH S. 170
ZWEIERLEI SELLERIE-BOLOGNESE S. 93
OFENGEMÜSE IM POLENTAMANTEL S. 130

Geräucherter Paprika eignet sich hervorragend, um einem Gericht einen deftigen Umami-Geschmack zu verleihen. Ich nutze ihn gerne, um Bolognese-Soße und herzhafte Aufstriche zu würzen.

In jedem Gewürzregal findet man Paprika getrocknet und gemahlen, edelsüß und scharf. Geräuchert mit Eichenholzrauch wird das Gewürz zu geräuchertem Paprika. Besonders in der spanischen Küche wird geräucherter Paprika traditionell schon seit langer Zeit verwendet. Es gibt ihn in milder sowie in scharfer Variante.

FAQ

DIE FAQ SIND EINE KLEINE SAMMLUNG DER FRAGEN ZUR VEGANEN LEBENSWEISE, DIE IN MEINEN KOCHKURSEN VON DEN TEILNEHMENDEN HÄUFIG GESTELLT WERDEN. ICH VERANSTALTE KOCHKURSE IN VERSCHIEDENEN FORMATEN UND STETS MIT DER HALTUNG, DASS JEDER MENSCH SICH AUF SEINEM INDIVIDUELLEN WEG BEFINDET UND SICH ÄNDERN KANN.

»FEHLT VEGANER*INNEN VITAMIN B12?«

Das Vitamin B12 ist in aller Munde – zurecht. Ein Mangel kann zu schwerwiegenden Schäden des Nervensystems führen. Allerdings ist diese Mangelerscheinung in keiner Weise ein rein veganes Problem. Über die Hälfte aller B12-Supplemente auf dem Markt sind tierischen Ursprungs, die Zielgruppe sind also nicht Veganer*innen, sondern Menschen über 50, die häufig einen B12-Mangel haben, obwohl sie sich mit tierischen Produkten ernähren. B12 ist ein Mikronährstoff, der sich um das Gemüse bildet, das in der Erde wächst. Dadurch, dass wir unser Gemüse gründlich waschen und es teilweise in der Landwirtschaft gar nicht mehr mit richtiger Erde in Berührung kommt, ist der B12-Gehalt in unserem Gemüse sehr niedrig.

Die »Nutztiere«, die wir Menschen essen, stehen in unserer Vorstellung selbstverständlich unter freiem Himmel, essen Gras, Erde und Körner. Wäre das tatsächlich so, würden sie über die mit dem Gras verbundene Erde B12 aufnehmen, das sich dann nach dem Melken oder der Schlachtung in Milch und Fleisch wiederfindet. Die Realität sieht aber anders aus: Über 98 Prozent der so genannten Nutztiere leben in der Massentierhaltung und haben hier keinerlei Kontakt zu gesunden Böden. Ihr Futter wird mit Antibiotika, Medikamenten und eben auch mit B12 angereichert. Also supplementieren omnivor und vegetarisch lebende Menschen ebenfalls B12 – nur über den Umweg Tier. Es gibt zum Glück einfache, gesunde und biologische Möglichkeiten, B12 zu sich zu nehmen. Ich selbst benutze eine mit B12 angereicherte Zahnpasta und nehme mehrmals in der Woche ein paar Tropfen B12-Supplement. Das ist einfach, denn ich kann es gezielt dosieren und ich weiß, dass kein Tier für meinen B12-Haushalt sterben muss.

»DARF MAN SICH IN DER SCHWANGERSCHAFT VEGAN ERNÄHREN?«

Diese Frage höre ich oft von unsicheren Schwangeren, die für ihr Baby im Bauch natürlich das Beste wollen, gleichzeitig aber von ihren Ärzt*innen die Empfehlung bekommen, für ihre Eisenzufuhr Fleisch zu essen. Ich selbst habe zwei vegane Schwangerschaften erlebt und kann daher aus eigener Erfahrung sprechen: Beide Schwangerschaften waren gesunde und kraftvolle Prozesse meines Körpers. Bis zum letzten Tag ging es mir gut.

In der Schwangerschaft ist es besonders wichtig, sich vollwertig zu ernähren. Das geht mit einer pflanzlichen Ernährung ziemlich einfach: Ich habe sehr viel grünes Gemüse gegessen und in Form von Smoothies getrunken, kombiniert mit Vitamin C. Mein Frauenarzt hat mir regelmäßig überdurchschnittlich gute Eisenwerte bescheinigt. Auch Folat, ein wichtiges B-Vitamin für die Zellteilung, findet sich in grünem Gemüse und in Hülsenfrüchten. Ich habe keine synthetische Folsäure supplementiert, sondern täglich viel frisches Gemüse, Bohnen und Linsen gegessen.

Ich kann natürlich nicht den Vergleich ziehen, wie meine Schwangerschaften als omnivor oder vegetarisch lebender Mensch verlaufen wären. Aber ich kann berichten, dass es vegan sehr gut funktionieren kann, wenn man darauf achtet, alle notwendigen Nährstoffe in ausreichender Menge zu bekommen. Und genau das sollte man ohnehin tun, egal ob man sich vegan, vegetarisch oder omnivor ernährt. Die Geburten sind im Übrigen auch gut gelaufen. Wir haben beide Kinder zu Hause zur Welt gebracht und das Wochenbett bewusst zum Ankommen im neuen Lebensabschnitt genutzt.

»SIND VEGANER*INNEN FÜR DIE ABHOLZUNG DES REGENWALDES VERANTWORTLICH?«

Täglich werden riesige Flächen Regenwald für den Sojaanbau zerstört. Dieser Soja ist oft gentechnisch verändert und dient aufgrund seiner minderen Qualität nur in geringem Anteil der Herstellung veganer Lebensmittel. Der allergrößte Teil geht in die Futtermittelproduktion. Riesige Frachter verschiffen einen großen Teil der Ernte nach Europa, wo sie in der Massentierhaltung in Form von Kraftfutter genutzt wird. Ein omnivor lebender Mensch isst tatsächlich im Durchschnitt um ein Vielfaches mehr an Soja, als ein vegan lebender Mensch, da die Tiere in der Massentierhaltung bis zu ihrer Tötung mit Soja gefüttert und hochgezüchtet werden. Soja, der für die Herstellung von Tofu, Sojadrink und anderen Sojaprodukten verwendet wird, stammt meistens aus Frankreich, Österreich und Deutschland. Auf den meisten Lebensmitteln aus Soja ist die Herkunft transparent benannt.

»ICH ESSE NUR BIO-FLEISCH. IST DAS NICHT IN ORDNUNG?«

Dass ein Tier sein Leben wirklich auf der Weide verbracht und nur das artentypische Futter gegessen hat, letztendlich dann auch vor Ort, ohne Anwesenheit anderer Tiere, unvorbereitet erschossen wird, passiert sehr selten. Und selbst wenn das der Fall sein sollte, ist und bleibt es eine Tötung. Die Realität sieht allerdings so aus, dass selbst die meisten Tiere, die in biologischer Haltung gelebt haben, in konventionellen Schlachthöfen getötet werden. Aus hygienischen Gründen gilt seit 2012, dass Tiere nur noch in Ausnahmefällen auf dem Hof geschlachtet werden dürfen.

Auch Tiere aus biologischer Haltung erleben also ebenso die schreckliche Qual, zu ihrem Tötungsort gefahren zu werden, dort in Todesangst und schlimmster Panik erschossen oder vergast zu werden. Hierzu gibt es viele Berichte von Tierärzt*innen und Schlachthofmitarbeiter*innen, die einem das Blut in den Adern gefrieren lassen. Apropos Mitarbeiter*innen: In den Schlachthöfen herrschen katastrophale Zustände. Sie zählen zu den gefährlichsten Arbeitsplätzen in Deutschland.

»IST ES NICHT TEUER, VEGAN ZU LEBEN?«

Wie auch bei einer omnivoren oder vegetarischen Ernährung, kann man viel Geld für Lebensmittel ausgeben, oder eben wenig. Es gibt sehr exklusive, teure vegane Produkte, aber eben auch billiges Gemüse beim Discounter. Leider ist es nach wie vor so, dass billige und ungesunde Nahrungsmittel von der Politik subventioniert, also bewusst billig gehalten werden. Hochwertige Lebensmittel in biologischer Qualität werden nicht subventioniert und sind daher in der Regel deutlich teurer.

Ich selbst kaufe so viel wie möglich biologisch und frisch. Wir erhalten beispielsweise jede Woche eine Gemüsekiste aus der solidarischen Landwirtschaft. Nahrungsmittel sind in der westlichen Welt in einem solchen Überangebot vorhanden und omnipräsent, dass oft vergessen wird, dass das, was wir essen und trinken, unserem Körper Energie zum Leben geben soll. Ich finde, das ist es wert, innerhalb der gegeben finanziellen Verhältnisse die Priorität auf qualitativ hochwertige Lebensmittel zu setzen. Eine gesunde Ernährung kann den Körper heilen, eine ungesunde Ernährung kann ihn krank machen.

Mein Autorenkollege Patrick Siegmund hat zu diesem Thema ein Kochbuch mit dem Titel »Vegan, aber günstig – das Kochbuch« veröffentlicht, das zeigt, dass sich vegan und günstig nicht ausschließen.

»BRAUCHT DER MENSCH DENN NICHT MILCH FÜR KALZIUM?«

Nein, überhaupt nicht. In der pflanzlichen Ernährung gibt es eine Vielzahl an Kalziumquellen. Muttermilch ist Säuglingsnahrung, und nachdem ein Baby abgestillt ist, braucht es keine Milch mehr. Sie ist voller Wachstumshormone, um das Baby schnell stark und groß werden zu lassen. Doch genau diese Hormone sind im Erwachsenenalter schädlich für uns. Hinzu kommt, dass die Nährstoffe in der jeweiligen Milch von den verschiedenen Säugetieren genau auf die Bedürfnisse des Babys der betreffenden Spezies abgestimmt ist. So ist die Milch von der Kuh viel proteinreicher als die Menschen- oder Affenmilch, da das Kälbchen in der Natur schnell mit seiner Herde mithalten muss. Ein Menschenbaby hingegen wird lange getragen und darf langsamer wachsen.

Eine Kuh ist, wie der Mensch, 9 Monate schwanger. Sie wird dafür auf brutale Weise künstlich befruchtet, denn nur dann kann sie Milch erzeugen. Das Kalb wird ihr in der Regel gleich nach der Geburt weggenommen. Oft wochenlang brüllen Baby und Mama nacheinander. Das Kälbchen landet mit großer Wahrscheinlichkeit nach wenigen Monaten qualvollen Lebens auf der Schlachtbank.

Das gleiche Schicksal ereilt seine Mutter nach durchschnittlich 5 Jahren auch, nachdem sie diese Prozedur mehrmals ertragen musste, um dann zu Hundefutter verarbeitet zu werden. In der Natur hat eine Kuh eine Lebenserwartung von circa 30 Jahren.

»WARUM ESSEN VEGANER*INNEN VEGANE WURST, WENN SIE ES IM GRUNDE DOCH ABLEHNEN?«

Es gibt verschiedene Formen der pflanzlichen Lebensweise. Von extrem gesund lebenden Rohköstler*innen bis hin zu so genannten »Pudding Veganer*innen«, die sich hauptsächlich von Fast Food und Fertigprodukten ernähren, ist die Bandbreite sehr groß.

Der Markt der veganen »Junk Produkte« – also stark verarbeitete und wenig gesunde Produkte – wächst zunehmend. Bei jedem Gang in den Supermarkt entdecke ich mindestens ein neues Produkt. Viele Produkte sind industriell verarbeitet und sicher nicht besonders gesund. Allerdings sind sie ohne Tierleid produziert – und das ist es, worauf es Veganer*innen in erster Linie ankommt. Immer noch werden tierische Produkte wie Fleisch und Milch romantisiert und verklärt als gesunde Naturprodukte dargestellt – was aber nicht der Realität entspricht. Fleisch, vor allem in Form von Wurst, ist ein hoch verarbeitetes Produkt, und auch Milch wird industriell verarbeitet, bevor sie abgefüllt wird.

Viele Menschen orientieren sich aus verschiedenen Gründen hin zu einer pflanzlichen Ernährung. Für die Umstellung sind pflanzliche Alternativen zu konventionellem Fleisch oft hilfreich, weil sie optisch und geschmacklich den tierischen Produkten ähneln, die man eben immer schon kennt. Das erleichtert die Umstellung. Und warum sollten solche Produkte bewusst anders aussehen?

Wurst oder Schnitzel sind ja letztlich nur Formen. Diese können aus dem Fleisch getöteter Tiere bestehen oder beispielsweise aus Soja, Seitan oder Hanf. Warum sollte hier alles neu erfunden werden? Es reicht, den Inhalt zu ändern, finde ich.

DANKE

Ich möchte mich bei allen bedanken, die, lange bevor ich selbst die Idee eines Kochbuches hatte, schon wussten, dass ich meine Rezepte eines Tages zu Papier bringen würde.

Lieber **Georg**, Dir möchte ich nochmals meinen besonderen Dank dafür aussprechen, dass Du von meiner Idee sofort begeistert warst und diese von Anfang an unterstützt hast.

Meinem besten Freund **Stefan Lükewille** danke ich für seine treue Unterstützung, oft durch die richtigen Worte und Taten bei einem guten Wein.

Ein besonderes Dankeschön an meine Grafikerin und Freundin **Astarte Posch**. Du begleitest mich schon seit den Anfängen. Dir verdanke ich mein Logo sowie die schönen Flyer, und nun haben wir dieses Buch gemeinsam verwirklicht.

Ich danke meinem Partner **Stefan** für die in liebevoller Haltung konstruktiv-kritische Begleitung, nicht nur im Bezug auf dieses Buch. Ich teile mein Leben sehr gerne mit dir.

Liebes **»SevenCooks«-Team**. Ich möchte euch von Herzen danken für die Begleitung über all die Jahre, für euer Vertrauen und dafür, gemeinsam dieses Kochbuch zu verwirklichen.

Vier Menschen gilt mein besonderer Dank

Tanja: Sie ist von Beginn an dabei, eine feste Säule im Unternehmen, hat stets ein offenes Ohr auch bei den absurdesten Fragen. In der Zeit, in der die »SevenCooks«- Zutatendatenbank angelegt wurde, wog Tanja jedes Pfefferkorn, jeden Stängel Kräuter einzeln ab. Hierdurch entstand ein riesiges Repertoire an präzisen Informationen zu den verschiedenen Lebensmitteln.

Kay: Er hatte die Idee, jedes Rezept mit einem QR-Code zu versehen und hierüber die Brücke zu den Online-Rezepten herzustellen. Hierfür möchte ich mich ganz besonders bedanken. Auch menschlich schätze ich Kay sehr.

Romina: Sie begleitet mich, seitdem ich selbst Mama geworden bin. Sie hat ein tolles Auge für Farben und Formen, und vor allem ihr habe ich meine Leidenschaft für Food-Fotografie zu verdanken. Sie hat mich geduldig und achtsam in diese Welt eingearbeitet. Wenn sich unsere kreativen Seiten vereinen, entsteht oft ein sehr inspirierender Koch- und Fotografieprozess.

Katharina: Sie ist von Beginn an mein »Vegan Buddy«. Sie betreibt den Blog »Ab jetzt vegan«, und ich schätze ihren Blick auf die Welt wie auch auf das Leben sehr. Mit ihr bleibt in Gesprächen die Zeit stehen, und es ist nie genug gesagt worden.

Meine liebe Freundin **Frauke Frech** hat mich in den Anfängen dieses Buches begleitet und bestärkt. Gemeinsam haben wir, auf dem Trampolin liegend, die Kategorien herausgearbeitet und eine Vision entwickelt. Frauke hat die Überschriften für die Kapitel gezeichnet und ist eine herausragende Künstlerin. Ihr Projekt ist der Grand Beauty Salon. Hier bringt sie Menschen durch Beauty und Wellbeing zusammen.

Liebe **Joschi,** vielen Dank für unsere spontane Fotosession im Siebentischwald.

REGISTER

F

G

H

I

J

K

L

M

O

P

Q

R

S

T

U

W

Z

Jedes Essen ein Fest